W0328244

Sciences économiques et sociales

SES 2de

Programme 2019

Sous la direction d'Isabelle Waquet

Aomar Aoulmi
Professeur au lycée Notre-Dame de Sainte-Croix, à Neuilly-sur-Seine

Stéphanie Fontaine
Professeure au lycée Charles-de-Gaulle, à Poissy

Nicolas Stenfeld
Professeur au lycée Janson-de-Sailly, à Paris

Guillaume Verdier
Professeur au lycée français de Tananarive, à Madagascar

SES et cinéma – Thomas Cassigneul
Professeur de cinéma-audiovisuel au lycée Bréquigny, à Rennes

Vidéos « Classe inversée » – Patrice Cuperty
Professeur au lycée international Victor-Hugo, à Colomiers

Podcasts produits par Nouvelles Écoutes
et écrits par Étienne Tabbagh

Les auteurs et les éditions Magnard remercient vivement
Damien Heurtevent pour l'actualisation des Points méthodes et
les enseignants qui ont participé aux études menées sur le manuel.

MAGNARD

SOMMAIRE

Regards croisés

6 Quelles relations entre le diplôme, l'emploi et le salaire ?

SAVOIR-FAIRE

Sommaire des ressources numériques

Podcasts

Ça s'écoute

Radio

Vidéos

Chapitre 1

Chapitre 2

Chapitre 3

Chapitre 4

Chapitre 5

Programme de Sciences économiques et sociales
Classe de Seconde générale et technologique

Bulletin officiel spécial n° 1 du 22 janvier 2019

Questionnements	Objectifs d'apprentissage
Comment les économistes, les sociologues et les politistes raisonnent-ils et travaillent-ils ?	• Comprendre : – qu'une des questions de base de **l'économie** est : « Qu'est-ce qu'une allocation efficace des ressources rares ? » ; – que celles de la **sociologie** sont : « Comment fait-on société ? Comment explique-t-on les comportements sociaux ? » ; – et que celle de la **science politique** est : « Comment se conquiert et s'exerce le pouvoir politique ? ». • Comprendre que ces disciplines réalisent des enquêtes et utilisent des données et des modèles (représentations simplifiées de la réalité). • À partir d'exemples, comprendre la distinction entre causalité et corrélation et savoir mettre en évidence un lien de causalité.
	Science économique
Comment crée-t-on des richesses et comment les mesure-t-on ?	• Savoir illustrer la diversité des producteurs (entreprises, administrations, économie sociale et solidaire) et connaître la distinction entre production marchande et non marchande. • Savoir que la production résulte de la combinaison de travail, de capital, de technologie et de ressources naturelles. • Connaître les principaux indicateurs de création de richesses de l'entreprise (chiffre d'affaires, valeur ajoutée, bénéfice). • Savoir que le PIB correspond à la somme des valeurs ajoutées. • Savoir que la croissance économique est la variation du PIB et en connaître les grandes tendances mondiales sur plusieurs siècles. • Savoir que le PIB est un indicateur global qui ne rend pas compte des inégalités de revenus. • Connaître les principales limites écologiques de la croissance.
Comment se forment les prix sur un marché ?	• Savoir illustrer la notion de marché par des exemples. • Comprendre que, dans un modèle simple de marché des biens et services, la demande décroît avec le prix et que l'offre croît avec le prix et être capable de l'illustrer. • Comprendre comment se fixe et s'ajuste le prix dans un modèle simple de marché et être capable de représenter un graphique avec des courbes de demande et d'offre qui permet d'identifier le prix d'équilibre et la quantité d'équilibre. • À l'aide d'un exemple, comprendre les effets sur l'équilibre de la mise en place d'une taxe ou d'une subvention.
	Sociologie et science politique
Comment devenons-nous des acteurs sociaux ?	• Savoir que la socialisation est un processus. • Être capable d'illustrer la pluralité des instances de socialisation et connaître le rôle spécifique de la famille, de l'école, des médias et du groupe des pairs dans le processus de socialisation des enfants et des jeunes. • Savoir illustrer le caractère différencié des processus de socialisation en fonction du milieu social, du genre.
Comment s'organise la vie politique ?	• Connaître les principales spécificités du pouvoir politique. • Connaître les principales institutions politiques (rôle et composition) de la cinquième République et le principe de la séparation des pouvoirs (exécutif, législatif, judiciaire). • Comprendre comment les modes de scrutin (proportionnel, majoritaire) déterminent la représentation politique et structurent la vie politique. • Comprendre que la vie politique repose sur la contribution de différents acteurs (partis politiques, société civile organisée, médias).
	Regards croisés
Quelles relations entre le diplôme, l'emploi et le salaire ?	• Comprendre que la poursuite d'études est un investissement en capital humain et que sa rentabilité peut s'apprécier en termes de salaire escompté, d'accès à l'emploi et de réalisation de ses capabilités. • Savoir que le manque de qualification est une cause du chômage. • Comprendre que le salaire est déterminé par le niveau de formation. • Savoir qu'à niveau de diplôme égal, le salaire peut varier selon différents facteurs notamment l'expérience acquise, le type d'entreprise, le genre. • Comprendre que les chances d'accès aux formations diplômantes sont socialement différenciées.

Objectifs d'apprentissage concernant l'utilisation des données quantitatives et des représentations graphiques

Calcul, lecture, interprétation :
- Proportion, pourcentage de répartition
- Taux de variation, taux de variation cumulé, coefficient multiplicateur, indice simple
- Moyenne arithmétique simple et pondérée

Lecture et interprétation :
- Indice synthétique
- Médiane
- Valeur nominale, valeur réelle
- Tableau à double-entrée
- Représentations graphiques : diagrammes de répartition, représentation de séries chronologiques

Qu'est-ce que l'allocation efficace des ressources rares, étudiée par les économistes ?

OBJECTIF : Comprendre pourquoi les économistes s'interrogent sur l'utilisation efficace des ressources.

FICHE 1

DOC.1 Qu'est-ce qu'une ressource rare ?

Hergé, *Les Aventures de Tintin – On a marché sur la Lune*, © Hergé/Moulinsart, 2019.

1 De quelle ressource les personnages vont-ils manquer ?

D'oxygène ✓

2 Pourquoi peut-on dire que c'est une ressource rare ?

Car ils sont dans l'espace et qu'il n'y a pas d'O_2 dans l'espace. Le seul O_2 est contenu dans leurs bouteilles de la fusée ✓

DOC.2 La rareté des ressources oblige à choisir

« On ne peut pas avoir le beurre et l'argent du beurre. »
La rareté des ressources impose des choix. Si on consacre son argent à acheter du beurre, on ne peut pas le consacrer à autre chose, on a le beurre, mais plus l'argent. […] Transposée au-delà du cas individuel, cette expression de la sagesse populaire soulève l'ensemble des questions économiques posées par l'usage des ressources :
- Quoi produire ? Quels biens, quels services ?
- Pour qui ? Quels consommateurs ? […]
- Comment ? Quels modes d'organisation ?

« On ne peut pas être au four et au moulin. »
Le temps consacré à la lecture d'un livre ne peut être consacré à la préparation d'un repas. […] Utiliser notre ressource temps à une activité, c'est renoncer à l'utiliser à une autre activité. […]. Les ressources sont rares par rapport aux désirs et des choix s'imposent : après l'« embarras du choix » que l'on peut avoir à certains moments privilégiés, « choisir, c'est renoncer ».

Alain de Crombrugghe, *Introduction aux principes de l'économie*, © Éditions De Boeck, 2016.

3 Pourquoi sommes-nous obligés de faire des choix ?

Car le temps consacré à faire quelque chose ne peut pas être consacré à autre chose. Car les ressources sont rares. Existe en quantité limitée par rapport à nos besoins

4 Complétez le schéma avec les termes suivants : ***choix – ressources – besoins.***

besoins ✓ + ressources rares ✓ → choix ✓

DOC.3 Départs en vacances et autoroutes saturées

5 Montrez que les ressources en autoroutes sont ici mal utilisées.

Dans un sens il y a des embouteillage mais pas dans l'autre.

DOC.4 Quand l'allocation des ressources est-elle efficace ?

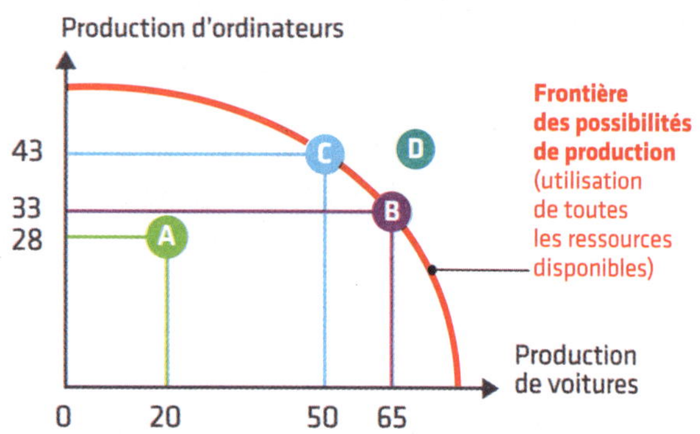

Le point A correspond à une situation économique où la production de voitures est égale à 20 et celle d'ordinateurs à 28.

Supposons une économie qui ne produit que deux biens : des ordinateurs et des voitures.

▸ **Sur la frontière des possibilités de production** (points B et C), l'économie est efficace : elle utilise toutes les ressources disponibles (travail, moyens de production, ressources naturelles) pour produire des ordinateurs et des voitures. Il n'est pas possible d'augmenter la production d'ordinateurs sans réduire celle de voitures, sans transférer des ressources utilisées pour produire des voitures vers la production d'ordinateurs.

▸ **Au point A, l'économie n'est pas efficace**, car il est possible d'augmenter les productions des deux biens, en utilisant plus de ressources.

6 Quel est le montant des productions de voitures et d'ordinateurs au point B ?

voitures = 65 ✓
ordinateurs = 33 ✓

7 Pourquoi l'économie est-elle efficace quand elle se situe au point B ?

Car quand elle se situe au point b l'utilisation de toutes les ressources sont disponibles. On peut produire au maximum.

8 Pourquoi n'est-elle pas efficace au point A ?

Car toutes les ressources ne sont pas disponibles. ✓

FAIRE LE POINT

Complétez le texte à l'aide des termes suivants :
réduire – besoins – ressources – choix – efficace – augmenter – rares.

Les ressources dont nous disposons sont rares face à nos besoins. Face à la rareté, les individus et sociétés doivent donc faire des choix : l'économie est l'analyse de ces choix. Les économistes cherchent la manière la plus efficace d'utiliser les ressources. La société utilise ses ressources de manière efficace lorsqu'il n'est pas possible d'augmenter la production d'un bien sans réduire celle d'un autre bien.

Comment fait-on société ? Comment explique-t-on les comportements sociaux ?

OBJECTIF : Comprendre que les sociologues s'intéressent à ce qui permet la cohésion sociale et aux comportements sociaux.

FICHE 2

DOC.1 Marche mondiale pour le climat

Photographie prise à Paris, en décembre 2018.

NOTION

Les **valeurs** sont les idéaux collectifs d'un groupe (exemple : la liberté).

1 Que représente cette photographie ?

....

2 Quelles valeurs peuvent rassembler ces personnes ?

....

DOC.2 Cohésion sociale et liens sociaux

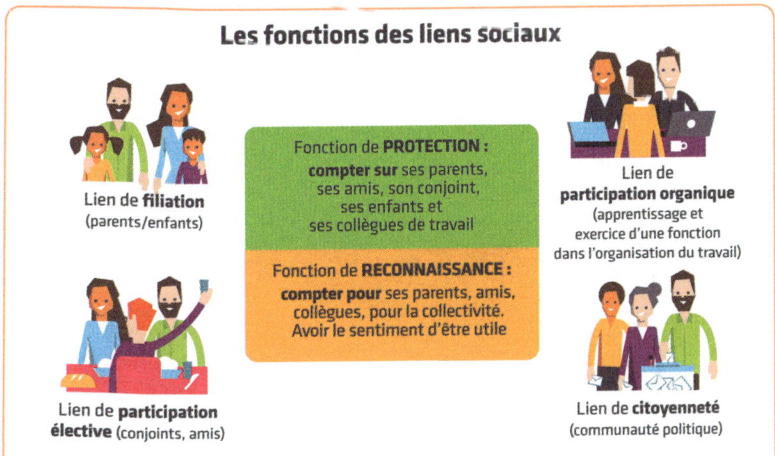

D'après Serge Paugam, *Le Lien social*, PUF, 2018.

3 D'après ce document, quelles sont les deux fonctions des liens sociaux ?

....

4 À votre avis, quelles sont les formes de protection et de reconnaissance que procure le « lien de participation élective » ?

Formes de protection	Formes de reconnaissance
....	....

DOC.3 Le respect des règles, un comportement social

14 h 30 un samedi. Tensions dans un petit groupe d'amis après une partie de tarot : Samuel a été pris en train de tricher avec Chloé et ses copains. Marie, Yannis et Kevin sont furieux.

Chloé : Mais ce n'est pas grave, le tarot à cinq, c'est juste pour s'amuser !

Yannis : N'importe quoi ! À quatre ou à cinq, il y a des règles, c'est tout !

Chloé : On n'est pas en cours, on n'est pas toujours obligés de respecter des règles !

Kevin : Mais sans les règles, il n'y a pas de jeu ! Comment tu t'amuses, alors ?

Samuel : Ok, eh bien on n'a qu'à les changer, les règles ! Après tout, peut-être que c'est ma règle, la bonne !

Marie : Très drôle ! Je te rappelle que c'est moi qui t'ai appris à jouer au tarot ; il y a deux ans, tu n'avais même pas l'idée de compter les atouts !

NOTION

Les **normes** sont des règles de conduite prescrites ou interdites, assorties de récompenses ou de sanctions.

5 **Que pensez-vous de l'affirmation de Kevin « sans les règles, il n'y a pas de jeu » ?**

6 **À votre avis, pourquoi la plupart des joueurs respectent-ils les règles du jeu ?**

7 **À l'aide de cet exemple, définissez un comportement social.**

DOC.4 Internet et les relations sociales

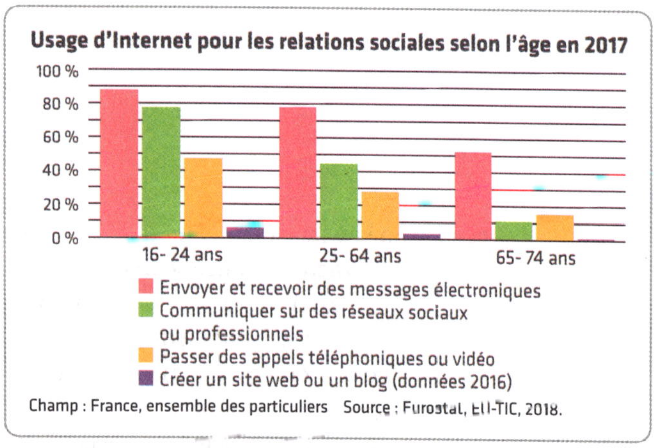

8 **Quel est l'usage principal d'Internet ? Justifiez votre réponse à l'aide de chiffres.**

9 **L'âge est-il un déterminant important dans l'utilisation des réseaux sociaux et professionnels ?**

FAIRE LE POINT

Associez chaque notion à sa définition.

Comportement social •	• Règles de conduites prescrites ou interdites, assorties de récompenses ou de sanctions.
Valeurs •	• Idéaux collectifs d'un groupe, comme la liberté.
Normes •	• Comportement fortement influencé par des normes et des valeurs intériorisées.

Comment se conquiert et s'exerce le pouvoir politique ?

OBJECTIF : Comprendre que les politistes s'intéressent à la conquête et à l'exercice du pouvoir politique.

FICHE 3

DOC. 1 La conquête du pouvoir à l'écran

Baron noir, une série réaliste française (2016-2018).

Depuis une dizaine d'années, films et séries français s'invitent dans les coulisses de la politique [...]. Dernier exemple en date, *Le Poulain*, de Mathieu Sapin, qui suit un candidat à la présidentielle conseillé par une redoutable communicante.
Alors que, à l'étranger, la série américaine *House of Cards* [...] et la danoise *Borgen* s'intéressent à la gestion des affaires courantes, les Français préfèrent, eux, mettre en images la conquête du pouvoir, appréciant sa dimension romanesque. « Dans une campagne présidentielle, il y a du suspense, des rebondissements, c'est un show », confirme Mathieu Sapin.

Article paru dans *Le Parisien*, 13 septembre 2018.

1 Pourquoi les cinéastes français s'intéressent-ils à la conquête du pouvoir ?

....

....

....

....

....

....

DOC. 2 Des politologues analysent les motivations d'un vote

D'après la dernière enquête [avril 2017] du Centre de recherches politiques de Sciences Po (Cevipof), ce sont les « propositions et les idées des candidats » qui poussent les électeurs à faire leur choix (76 % citent ce motif en premier). Suivent, loin derrière, la personnalité des candidats (7 %) et le rejet des autres candidats (10 %). [...] Les « chances du candidat de gagner la présidentielle » [n'arrivent en tête] que pour 5 %. [...] En outre, si les idées d'un candidat comptent, le choix d'un candidat ne signifie pas forcément l'adhésion entière à son projet. Beaucoup, en effet, semblent opter pour « le moins pire ». Ainsi, 57 % des électeurs tentés par Emmanuel Macron déclarent faire leur choix « par défaut », contre 39 % pour Marine Le Pen et 31 % pour Jean-Luc Mélenchon.
Il y a [par ailleurs] des fractures dans l'électorat en fonction de la catégorie socio-professionnelle. Ainsi, 35 % des cadres supérieurs déterminés à aller voter choisissent Emmanuel Macron, contre seulement 17 % des ouvriers et 22 % des employés [...]. Le rapport s'inverse chez Marine Le Pen : elle séduit 42 % des ouvriers certains d'aller voter, et seulement 14 % des cadres supérieurs.

Gaëtan Supertino, « Présidentielle : ce qui motive le vote des Français », © www.europe1.fr, 20 avril 2017.

2 D'après ce texte, quels éléments motivent le vote des Français pour la présidentielle ?

....

....

....

....

....

....

....

3 Quel facteur cité dans ce texte influence également le vote ?

....

....

4 Quel élément semble devoir être privilégié par un candidat pour être élu ?

....

....

....

DOC.3 L'exercice du pouvoir politique en France

Les actions du gouvernement aujourd'hui

1

2

3

1 Le système de santé 2 Les interventions militaires 3 L'éducation

Déclaration de politique générale du Premier ministre

Nous lancerons dans l'année les réformes indispensables à la modernisation de notre démocratie.

J'insisterai en particulier sur la réforme de la justice. [...]

Dès 2018, une loi quinquennale de programmation des moyens de la justice sera présentée au Parlement. Cette loi permettra à la Garde des Sceaux d'engager un vaste mouvement de [...] réorganisation. Avoir confiance dans la justice, c'est pouvoir y recourir simplement et savoir qu'elle tranchera rapidement, en particulier sur les infractions les plus graves. [...]

Rétablir la confiance, c'est aussi rassurer les Français sur le futur de la Sécurité sociale. [...] Les Français sont attachés [à notre système de santé], mais ils constatent aussi que le système est mal coordonné, que la répartition entre soins de ville et soins hospitaliers n'est pas optimale, que l'on n'évite au fond ni l'exclusion des soins, ni l'accroissement des inégalités. La prévention sera le pivot de la stratégie nationale de santé discutée à l'automne. [...]

En matière de lutte contre le tabac, là encore il nous faut assumer des choix courageux. Chaque année, le tabac en France entraîne plus de 80 000 décès. [...] Nous porterons progressivement le prix du paquet de cigarettes à 10 euros. [...]

Rétablir la confiance, c'est savoir que nous serons tous ici, tous, jugés sur la façon dont nous nous comportons avec les plus faibles. [...] Nous revaloriserons dès 2018 l'Allocation adulte handicapé et le minimum vieillesse ; nous simplifierons les procédures pour les titulaires de droits sociaux qui souvent, par désespoir ou par ignorance, ne les réclament plus.

Extraits de la déclaration de politique générale d'Édouard Philippe, prononcée à l'Assemblée nationale, le 4 juillet 2017.

5 Expliquez pourquoi les trois photographies illustrent l'exercice du pouvoir politique.

....

6 Dans quels domaines, cités dans l'extrait, le gouvernement compte-t-il prendre des mesures ?

....

7 Quelles sont les raisons évoquées par le Premier ministre pour mener des réformes ?

....

FAIRE LE POINT

Parmi les propositions suivantes, quelles sont celles qui relèvent de la conquête du pouvoir et celles qui relèvent de l'exercice du pouvoir ?

élection au suffrage universel en France – création de la Sécurité sociale – construction d'un viaduc – développement d'un vote de rejet – légalisation du mariage homosexuel – affaiblissement de la place des programmes – intervention militaire extérieure dans les choix électoraux

Conquête du pouvoir	Exercice du pouvoir
....	....
....	....
....	....
....	....

À quoi servent les modèles, les enquêtes et les données statistiques ?

OBJECTIF : Comprendre l'intérêt des modèles, enquêtes et données statistiques pour comprendre un phénomène.

FICHE 4

DOC.1 Le modèle, un outil dans la démarche scientifique

Tous les modèles sont construits avec des hypothèses. Tel un physicien qui commence l'analyse de la chute d'un boulet de canon en rejetant l'hypothèse de l'existence de frottements, les économistes rejettent par hypothèse de nombreux détails qui ne sont pas pertinents pour l'étude de la question traitée. Tous les modèles, en physique, en biologie ou en économie, simplifient la réalité afin d'améliorer notre compréhension.

Gregory N. Mankiw et Mark P. Taylor, *Principes de l'économie*, © Éditions De Boeck, 2015.

1 Pourquoi, pour le physicien, une représentation simplifiée peut-elle être utile pour comprendre la réalité ?

....
....
....
....
....
....
....
....
....

DOC.2 Les modèles en économie

Un modèle en économie est une représentation simplifiée de la vie économique qui repose sur une méthode hypothético-déductive. L'économiste pose des hypothèses et en tire des conclusions. […]
Par exemple, la théorie enseigne que l'investissement diminue quand le taux d'intérêt augmente et réciproquement. [Mais] est-ce vraiment le cas ? Un modèle doit être confronté aux faits. Il s'agit ici d'une méthode […] qui part de la réalité pour infirmer ou confirmer les hypothèses et les conclusions d'un modèle. […]

De nombreuses études montrent que des taux d'intérêt faibles ne sont pas nécessairement associés à un niveau d'investissement élevé. On peut alors tester d'autres hypothèses, comme l'influence de la demande sur l'investissement, car une entreprise n'investira que si elle est certaine de vendre les biens produits. C'est par ces allers-retours entre modèles théoriques et études […] que progresse la recherche.

Marc Montoussé, *100 fiches de micro et macroéconomie*, © Éditions Bréal, 2018.

2 Quelle est l'hypothèse du modèle sur le taux d'intérêt et l'investissement ?

....
....
....
....

3 Que doit alors faire l'économiste pour analyser l'évolution de l'investissement ?

....
....
....
....

NOTIONS

Investissement : achat par une entreprise d'un bien de production (ex. : machine).
Taux d'intérêt : pourcentage sur une somme prêtée, servant à calculer les intérêts que doit verser une entreprise, par exemple quand elle emprunte à une banque.

4 Complétez le schéma avec les termes suivants : *nouveau modèle – nouvelles hypothèses – hypothèses.*

[..................] → [Modèle] → [Conclusions] → [Confrontations avec les faits] → [..................] → [..................]

DOC.3 Un exemple d'enquête

Sondage d'opinion sur le mouvement des « gilets jaunes »

Question : pour s'opposer à la hausse des taxes sur les produits pétroliers, les automobilistes utilisent les réseaux sociaux pour appeler à un blocage de Paris le 24 novembre 2018.
Vous, personnellement, trouvez-vous ce mouvement dit « des gilets jaunes » justifié ?

Échantillon : 1 004 Français représentatifs de la population française, âgés de 18 ans et plus, interrogés par Internet les 21 et 22 novembre 2018.

Source : lefigaro.fr, 23 nov. 2018.

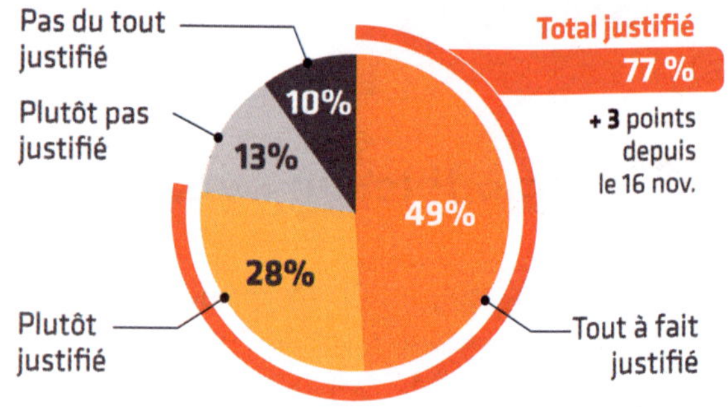

5 Qui les sociologues ont-ils interrogé ? Quel est le mot employé pour désigner cette population ?

....

....

....

....

....

....

6 Que signifie « 1 004 Français, représentatifs de la population française » ?

....

....

....

7 D'après vous, s'agit-il d'une enquête quantitative ou qualitative ?

....

....

DOC.4 À l'aide de statistiques, construire des représentations graphiques

L'exemple du pouvoir d'achat
Évolution du pouvoir d'achat de 1960 à 2017
(par rapport à l'année précédente en %)

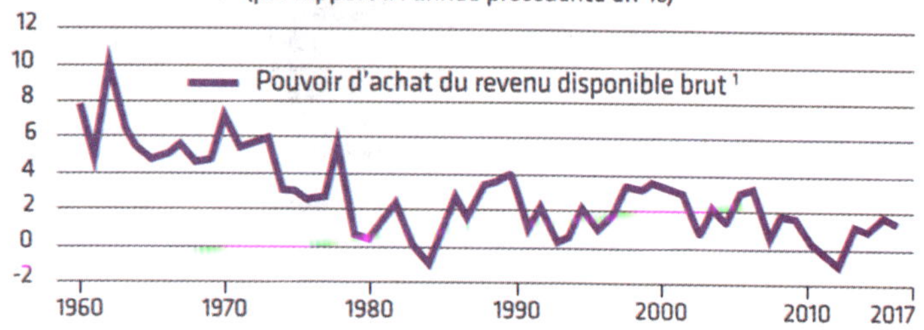

1. Revenu des ménages après déduction des impôts et des cotisations sociales.
Source : « Comptes nationaux », Insee, 2018.

NOTION

Le **pouvoir d'achat** est la quantité de biens et services que l'on peut acheter grâce à son revenu. Il augmente si le revenu augmente plus vite que les prix ou si les prix baissent ; il baisse dans le cas contraire.

8 Cochez l'affirmation exacte.
Depuis les années 1960, en France...

- ☐ le pouvoir d'achat baisse.
- ☐ la variation du pouvoir d'achat diminue.

FAIRE LE POINT

Vrai ou faux ?

1. Une enquête porte sur un échantillon représentatif de la population. Vrai ☐ Faux ☐
2. Les sondages d'opinion sont des enquêtes qualitatives. Vrai ☐ Faux ☐
3. Le pouvoir d'achat est égal au revenu des ménages. Vrai ☐ Faux ☐
4. Les données statistiques proviennent nécessairement d'enquêtes préalables. Vrai ☐ Faux ☐

Qu'est-ce qui distingue causalité et corrélation ?

OBJECTIF : Distinguer causalité et corrélation et savoir mettre en évidence un lien de causalité.

FICHE 5

DOC.1 S'agit-il d'une simple coïncidence ?

En Allemagne, les abattoirs de chevaux augmentent-ils leur activité en fonction du nombre de fonctionnaires ?

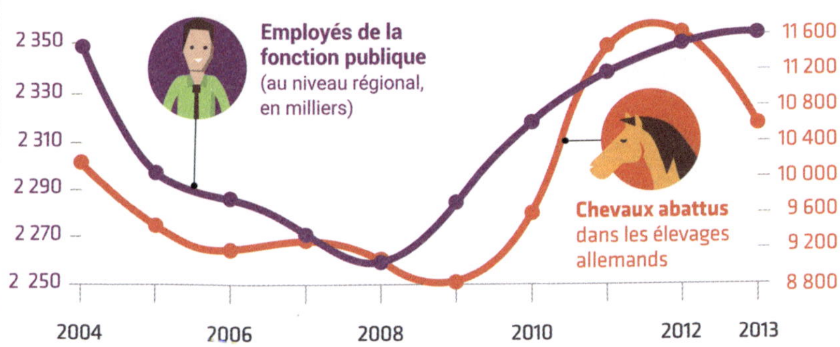

Source : courrierinternational.com, 2015.

1 **Y a-t-il selon vous un lien de cause à effet entre le nombre de chevaux abattus et celui de fonctionnaires de 2004 à 2013 en Allemagne ?**

....

....

....

....

....

....

DOC.2 Le piège des variables manquantes

Une étude statistique de Franz Messerli, de l'université Columbia [...] a établi qu'il existe une étroite corrélation entre la consommation de chocolat par habitant d'un pays et le nombre de prix Nobel obtenus par ce pays par million d'habitants. En déduirons-nous que les chercheurs doivent manger du chocolat pour augmenter leurs chances de se voir attribuer le fameux prix ?
L'explication ne serait-elle pas plutôt que le système social et éducatif des pays riches favorise la recherche et donc l'attribution des prix Nobel, et que cette même richesse favorise l'achat par tous de chocolat ? Les deux faits sont bien liés, mais seulement parce qu'ils sont la conséquence d'une même cause, pas parce que l'un implique l'autre. Quand deux faits sont corrélés, cela ne signifie pas que l'un est la conséquence de l'autre, mais parfois seulement qu'un troisième facteur [appelé variable manquante ou variable de confusion] les entraîne tous les deux.

Jean-Paul Delahaye, « Coïncidences surprenantes, mais banales », blog « Binaire », © www.lemonde.fr, 9 avril 2018.

NOTION

Une corrélation est **positive** si les deux variables évoluent dans le même sens. Elle est **négative** dans le cas contraire.

vidéo

« Chocolat, corrélation et moustache de chat »

Source : « La statistique expliquée à mon chat », 2016.

www.lienmini.fr/ses-2-192

2 **Manger du chocolat dans un pays augmente-t-il les chances d'obtenir le prix Nobel ?**

....

....

....

....

3 **La corrélation entre la consommation de chocolat et le nombre de prix Nobel dans un pays est-elle positive ou négative ?**

....

....

....

....

4 **Complétez le schéma ci-dessous à l'aide des termes suivants : *pays riches – forte consommation de chocolat – nombreux prix Nobel.***

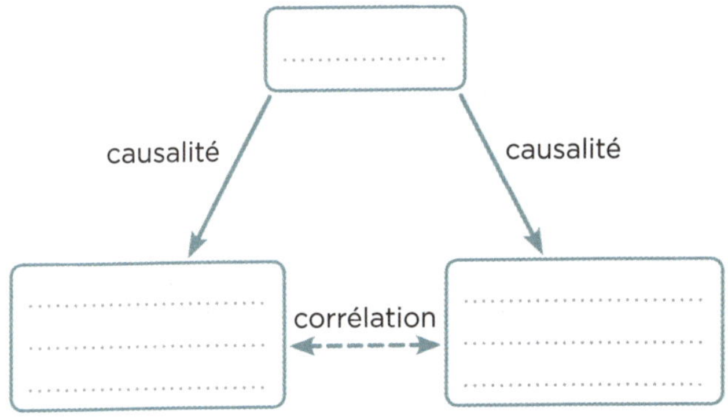

DOC. 3 Niveau d'éducation et richesse d'un pays

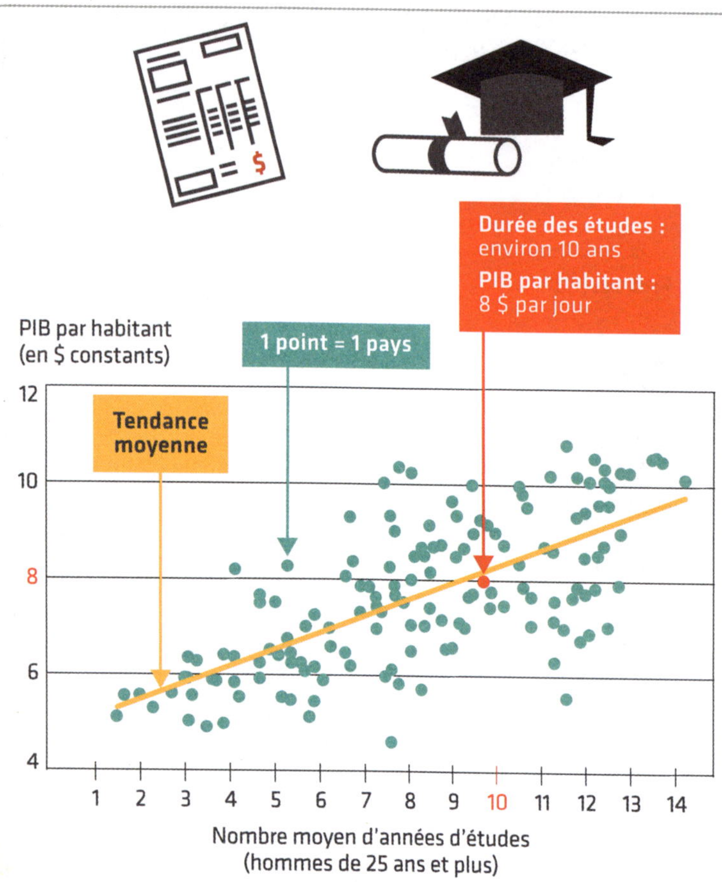

Source : «L'éducation peut-elle favoriser la croissance?», France Stratégie, 2016.

NOTION

PIB par habitant : produit intérieur brut par habitant. Le PIB mesure la richesse produite dans un pays, le PIB par habitant la richesse produite par habitant. Le PIB par habitant en dollars constants est calculé déduction faite de l'inflation.

5 **Peut-on affirmer en observant ce graphique que plus le PIB par habitant augmente, plus le nombre d'années d'études est élevé ?**

....

....

....

....

....

....

....

....

6 **À votre avis, s'agit-il d'une simple corrélation ou existe-t-il un lien de cause à effet entre les deux variables étudiées ? Justifiez votre réponse.**

....

....

....

....

....

....

....

....

....

....

....

....

....

....

....

FAIRE LE POINT

Remplissez le tableau ci-dessous en mettant une croix dans la case correspondante. S'il s'agit d'une variable manquante, identifiez-la.

	Corrélation liée à une...		
	causalité	coïncidence	variable manquante
Plus le prix des pommes baisse, plus leur demande augmente.			....
Plus on consomme de margarine, plus le taux de divorce augmente dans l'État du Maine aux États-Unis.			....
Plus le nombre de pelles à déneiger augmente, plus les fermetures d'école augmentent.			....
Plus le revenu est important, plus l'espérance de vie est élevée.			....
Plus l'utilisation de crème solaire augmente, plus les cancers de la peau augmentent.			....

SES ET CINÉMA

La Sociologie est un sport de combat : un sociologue parle de son métier

Synopsis

Équipé d'un dispositif filmique léger, Pierre Carles a suivi pendant trois ans le sociologue Pierre Bourdieu (1930-2002) dans son travail au quotidien : rencontres, recherches, cours à l'université, conférences. L'objectif de Pierre Carles est de **faire connaître la sociologie, ses objets d'études et ses méthodes** à un public plus large. Pierre Bourdieu étant alors très médiatisé, le réalisateur a voulu offrir un autre regard sur le sociologue. Il dresse dans son film le portrait d'un intellectuel engagé, qui fait de la sociologie un outil de compréhension du monde dont la société doit se saisir.

vidéo
Extrait du film
www.lienmini.fr/ses-2-193

1 Quelle définition le générique donne-t-il de la sociologie ? Quelle en est la limite ?

....

2 Quelle définition Pierre Bourdieu donne-t-il de la démarche du sociologue ?

....

3 Quels sont ses questionnements ?

....

4 Selon vous, quel sens peut-on donner à la présence de Pierre Bourdieu dans cette émission ?

....

5 Proposez une réponse au questionnement sociologique que donne en exemple Pierre Bourdieu : « Pourquoi les fils de professeurs réussissent mieux à l'école que les fils d'ouvriers ? ».

....

SYNTHÈSE

Comment les économistes, les sociologues et les politistes raisonnent-ils et travaillent-ils ?

1 À quoi s'intéressent les économistes, les sociologues et les politistes ?

▶ **Les économistes s'intéressent à l'allocation efficace des ressources rares.**
Les **ressources** dont nous disposons sont **rares**. Il faut donc les utiliser de façon efficace. L'**allocation des ressources** est **efficace** lorsque toutes les ressources (travail, moyens de production, ressources naturelles) sont utilisées, c'est-à-dire quand il n'est plus possible d'augmenter la production d'un bien sans réduire celle d'un autre.

▶ **Les sociologues cherchent à comprendre le vivre ensemble et les comportements sociaux.**
Le partage de croyances et/ou de valeurs communes, le fait d'avoir un emploi sont des éléments importants pour assurer la **cohésion sociale**. Les **comportements sociaux**, comme la participation à une manifestation, s'expliquent par l'intériorisation de normes, de valeurs et la pression du groupe social.

▶ **Les politistes s'intéressent à la conquête et à l'exercice du pouvoir politique.**
En démocratie, la conquête du pouvoir passe par des **élections au suffrage universel**. Les **comportements de vote** sont influencés par des **variables sociologiques** (par exemple, le taux d'abstention des jeunes est plus élevé que celui de l'ensemble de la population). Cependant, les sujets d'actualité (comme le chômage, la sécurité) jouent un rôle croissant dans les choix des électeurs. **L'exercice du pouvoir politique** consiste à prendre des **décisions pour la collectivité**.

NOTIONS

- Économie
- Allocation des ressources
- Sociologie
- Comportement social
- Science politique
- Pouvoir politique
- Modèle
- Enquête
- Corrélation
- Causalité

Voir LEXIQUE p.97-98

2 Quelles sont les méthodes utilisées par les économistes, les sociologues et les politistes ?

▶ **Les modèles sont des représentations simplifiées de la réalité.** Pour les réaliser, il ne faut sélectionner que les éléments du monde réel jugés importants. La construction d'un modèle repose sur des **hypothèses** relatives aux comportements des individus et aux relations qu'entretiennent les variables, comme les prix et les quantités demandées, que l'on étudie. Il est ensuite possible d'affiner le modèle ou de modifier les hypothèses.

▶ Les **enquêtes quantitatives** (sondages) et **qualitatives** (entretiens) permettent de recueillir des données. Les **données statistiques**, fournies par des instituts comme l'Insee (Institut national de la statistique et des études économiques) fournissent aux économistes, sociologues et politistes des informations leur permettant de **mieux connaître les phénomènes** qu'ils étudient et de **vérifier les hypothèses** des modèles qu'ils développent.

▶ **Une corrélation** (lien statistique entre deux variables) **n'est pas nécessairement une causalité** (relation de cause à effet entre deux variables). La corrélation peut s'expliquer par l'existence d'une **variable manquante**. Le nombre de prix Nobel et la consommation de chocolat sont corrélés dans les pays développés sans relation de causalité, car il existe une variable manquante : le niveau de développement du pays.

SCHÉMA BILAN

Les SES — Trois disciplines pour étudier la réalité sociale

- Un même objet : la réalité sociale
- Des questions différentes

ÉCONOMIE
Qu'est-ce qu'une allocation efficace des ressources rares ?
→ Utilisation optimale des ressources quand impossibilité d'augmenter une production sans en réduire une autre

SOCIOLOGIE
Comment fait-on société ?
Comment explique-t-on les comportements sociaux ?
→ Cohésion sociale reposant sur le partage de valeurs communes
→ Comportements fondés sur l'intériorisation de normes et de valeurs

SCIENCE POLITIQUE
Comment se conquiert et s'exerce le pouvoir politique ?
→ Conquête du pouvoir par les élections
→ Exercice du pouvoir par la prise de décisions pour la collectivité

Des outils et méthodes

Les modèles
→ Représentations simplifiées de la réalité
→ Reposent sur des hypothèses et doivent être confrontés à la réalité

Les enquêtes, sondages et données statistiques
→ Pour mieux connaître la réalité et valider ou non les modèles

La recherche de corrélations et de relations de causalité
→ Deux variables peuvent être corrélées sans être liées par une relation de causalité.

vidéo
Le métier d'économiste vu par des lycéens
Source : citeco.fr, 2019.
www.lienmini.fr/ses-2-190

Production marchande et production non marchande

OBJECTIF : Connaître la distinction entre production marchande et non marchande.

FICHE 6

DOC.1 Que produisons-nous ?

NOTION

Produire, c'est créer grâce au travail humain des biens et des services qui n'existent pas dans la nature.

Produire des biens et des services	Production marchande	Production non marchande
Activités productives : celles qui ont nécessité du travail rémunéré. **Biens :** produits matériels (exemple : blé, DVD). **Services :** produits immatériels, consommés immédiatement (exemple : cours de maths).	Biens et services vendus sur un marché à un prix permettant de réaliser un profit ou un bénéfice (différence entre le montant des ventes et celui des coûts).	Services non vendus sur un marché et offerts gratuitement ou quasi gratuitement à un prix inférieur aux coûts de production. L'objectif n'est pas de réaliser un profit.

1 **Qu'est-ce qui différencie un bien d'un service ? une production marchande d'une production non marchande ?**

2 **Indiquez sous chacune des photographies si elle représente un ou des bien(s), un service marchand, un service non marchand.**

3 **Donnez des exemples autres que ceux représentés plus haut de biens, de services marchands et de services non marchands.**

DOC.2 La production marchande et non marchande en France

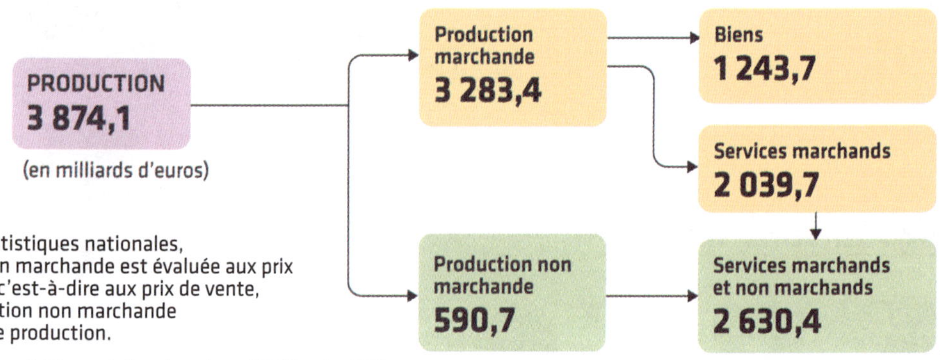

Dans les statistiques nationales, la production marchande est évaluée aux prix du marché, c'est-à-dire aux prix de vente, et la production non marchande aux coûts de production.

Source : « Tableaux de l'économie française », Insee, 2018 (données 2016).

4 **Calculez les parts respectives de la production marchande et non marchande dans la production totale. Rédigez une phrase avec les résultats obtenus.** SAVOIR-FAIRE 1 p.85

Calculs :

....

....

....

....

....

....

5 **Pourquoi la production non marchande est-elle évaluée aux coûts de production ?**

....

....

....

....

....

....

....

DOC.3 L'évolution de la structure de la production en France

L'évolution de la structure de la production en France entre 1950 et 2016

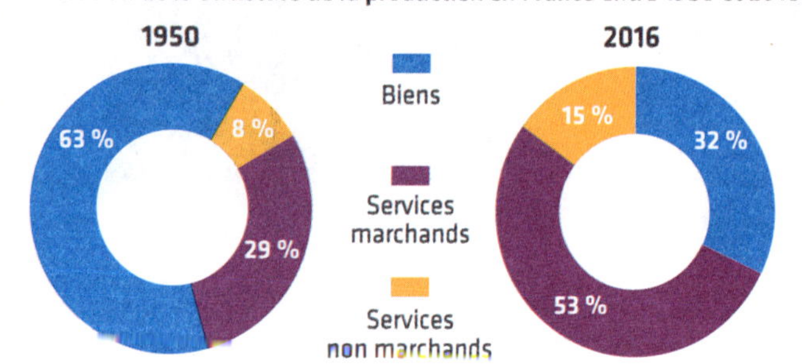

Source : «Tableaux de l'économie française »,Insee, 2018.

6 **Quelles sont les parts des productions marchandes en 1950 et en 2016 ?**

....

....

....

7 **Quelles sont les grandes transformations de la structure de la production de 1950 à 2016 ?**

....

....

....

....

....

....

....

....

FAIRE LE POINT

Complétez le texte à l'aide des termes suivants :
non marchandes – coût de production – biens – services – supérieur – gratuitement – marché.

La production d'une économie comprend des ...., qui sont matériels, et des ...., qui sont immatériels. Les productions peuvent être marchandes ou .... Une production est marchande si elle est vendue sur un .... à un prix .... à son coût de production, pour réaliser un bénéfice. Elle est non marchande si elle est offerte .... ou à un prix inférieur à son ....

La diversité des producteurs

OBJECTIF : Savoir illustrer la diversité des producteurs.

FICHE 7

DOC.1 Trois producteurs aux objectifs différents

Entreprise
Présente dans **plus de 100 pays**

Activités : bâtiment, travaux publics, médias, télécoms...

Montant des ventes : 32,9 milliards d'euros

Effectifs : 115 530 salariés

Données 2017

Objectif : vendre sur les marchés pour réaliser des profits (bénéfices).

Administration publique

Élèves : 12,8 millions (établissements du premier et second degré)

Enseignants : 800 000 environ

Financé par : l'impôt

Données 2017

Objectif : offrir une éducation gratuite, obligatoire et laïque (lois Jules Ferry 1881-1882) à tous les jeunes.

Association

Date de création : 1945

Bénéficiaires : 3,3 millions de personnes en France et dans le monde

Bénévoles : 80 000

Financé par : dons, legs, fondations, subventions de la puissance publique

Données 2017

Objectif : agir contre la pauvreté et l'exclusion dans une logique de solidarité.

1 Parmi ces trois producteurs, le(s)quel(s) ne recherche(nt) pas le profit ?

....

2 Quelles sont les différences entre le ministère de l'Éducation nationale et le Secours populaire ?

....

DOC.2 La diversité des producteurs

Principaux producteurs	Entreprises	Administrations publiques	Associations
Définitions	Organisations produisant des biens et services marchands pour réaliser des profits. Statuts juridiques : entrepreneur individuel (une personne propriétaire de l'entreprise) ou sociétés (plusieurs personnes propriétaires de l'entreprise)	Organisations gérées par la puissance publique, dont la fonction principale est la production de services non marchands	Groupes de personnes réunies autour d'un projet commun ou partageant des activités, sans chercher à réaliser de bénéfices
Poids dans l'économie	• 4 millions d'entreprises (hors agriculture) • 14,8 millions de salariés, soit 57 % de l'emploi total • 75,5 % de la production totale en 2017	• 5,4 millions d'employés, soit 21 % de l'emploi total • 12,1 % de la production totale en 2017	• Environ 1,3 million d'associations • 1,8 million de salariés (7 % de l'emploi total) • 13 millions de bénévoles • 1,4 % de la production totale en 2017
Objectifs	Réaliser des profits en vendant des biens et des services sur le marché	Recherche de l'intérêt général	Offrir des services selon les missions de l'association : culture, sports, loisirs, éducation....
Exemples	Yves Rocher, Axa, Renault	Ministère de l'Intérieur, Tribunal correctionnel, Sécurité sociale	Ligue des droits de l'homme, Fédération française de football

Données Insee, 2019.

3 Complétez le tableau suivant.

Principaux producteurs	Entreprises	Administrations publiques	Associations
Statut	....	....	....
Nature de la production	☐ Marchande ☐ Non marchande	☐ Marchande ☐ Non marchande	☐ Marchande ☐ Non marchande
Objectif principal	....	....	....

DOC. 3 Les acteurs de l'économie sociale et solidaire (ESS)

L'ESS et la loi du 31 juillet 2014

STRUCTURES JURIDIQUES
- **Associations**
- **Coopératives :** de production ou de consommation
- **Mutuelles :** solidarité professionnelle ou territoriale, par exemple dans la santé ; partage équitable de frais entre les sociétaires
- **Fondations :** gestion d'argent privé pour une cause publique
- **Sociétés privées :** demande volontaire, nécessité de répondre aux conditions définies par la loi de 2014

POIDS DANS L'ÉCONOMIE
- 10 % du PIB
- 221 325 établissements
- 2,4 millions de salariés
- 12 % de l'emploi privé

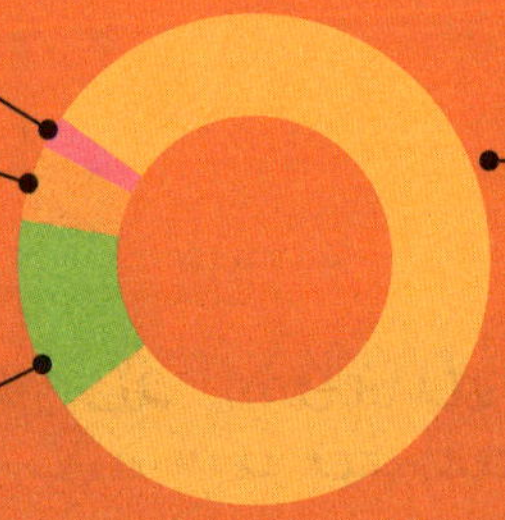

Données 2015

CONDITIONS POUR APPARTENIR À L'ESS
- Être une personne morale de droit privé
- Avoir un objectif autre que le seul partage des bénéfices
- Adopter une gouvernance démocratique (information et participation des associés, des salariés et des parties prenantes, prise de décisions non dépendantes du capital apporté)
- Adopter une gestion telle que les bénéfices soient majoritairement consacrés au maintien ou au développement de l'activité de l'entreprise et que les réserves constituées (bénéfices passés) soient impartageables et non distribuables

OBJECTIFS
- Concilier utilité sociale, solidarité, performance économique et gouvernance démocratique
- Créer des emplois pérennes et non délocalisables
- Développer une plus grande cohésion sociale

vidéo
« Tu connais l'ESS ? »
ProgrammeJeunESS, 201
www.lienmini.fr/ses-2-196

4 Une société de droit privé peut-elle appartenir à l'ESS ? À quelles conditions ?

....

....

....

....

....

....

....

....

....

....

....

5 Montrez l'originalité des structures appartenant à l'ESS par rapport aux entreprises privées traditionnelles (buts poursuivis et mode de gouvernance).

....

....

....

....

....

....

6 Quel est le poids de l'ESS dans l'économie ?

....

....

....

....

FAIRE LE POINT

Vrai ou faux ?

1. Les collèges et lycées publics appartiennent à l'ESS.	Vrai ☐	Faux ☐
2. Une association et une administration publique poursuivent le même objectif.	Vrai ☐	Faux ☐
3. Les entreprises privées recherchent le profit.	Vrai ☐	Faux ☐
4. Les coopératives font toujours partie de l'ESS.	Vrai ☐	Faux ☐

Les ressources nécessaires à la production

OBJECTIF : Savoir que la production résulte de la combinaison de différentes ressources.

FICHE 8

DOC.1 Une utilisation différente des ressources nécessaires à la production

XIXe siècle

Aujourd'hui

NOTIONS

Facteurs de production : le travail, le capital et les ressources naturelles.
Productivité du travail : rapport entre le volume produit et le nombre de travailleurs ou le nombre d'heures travaillées.
Capital technique : biens de production, machines, bâtiments par exemple, non détruits au cours du processus de production.
Ressources naturelles : ressources présentes dans la nature, comme l'eau douce, les sols, le pétrole, le fer...
Technologie : ensemble des moyens techniques nécessaires à la production à un moment donné.

1 Quelles différences pouvez-vous mettre en évidence en comparant ces deux images ?

au XIXe s. le travaille était fait à la main, aujourd'hui c'est grâce aux machines.

DOC.2 La combinaison optimale des facteurs de production

Si les facteurs de production sont substituables, une entreprise peut choisir la combinaison productive qui minimise ses coûts. Pour cela elle calcule ce que lui coûtent les facteurs de production, travail et capital, en fonction de leurs quantités nécessaires et de leurs prix et choisit la combinaison la moins chère. Si le prix du travail augmente par rapport au prix du capital, elle réduira le nombre de travailleurs et augmentera le nombre d'unités de capital, c'est-à-dire de machines. Supposons une entreprise qui, pour produire la même quantité du bien A, a le choix entre deux combinaisons productives. Laquelle va-t-elle choisir ?

Combinaisons	1	2
Capital : nombre de robots	40	20
Travail : nombre de travailleurs	60	120

Si un travailleur lui coûte 20 et si le prix de la location d'un robot lui coûte 100, l'entreprise a intérêt à choisir la combinaison 2 car la combinaison 1 lui coûte 5 200 (40 × 100 + 60 × 20) et la combinaison 2 lui coûte 4 400. Cette combinaison changera si les prix du travail et des robots se modifient.

NOTIONS

Des facteurs de production sont **substituables** lorsqu'il est possible d'obtenir le même niveau de production en remplaçant du travail par du capital (et inversement).
Les facteurs de production sont **complémentaires** si on ne peut associer qu'une quantité fixe de travail à une quantité fixe de capital.

2 Comment l'entreprise a-t-elle calculé le coût de la combinaison 2 ?

elle a calculé le nombre de robots + travailleurs et leur coûts

3 On suppose que le prix du travail passe à 40 et que celui des robots ne change pas. Quelle combinaison de travail et de capital l'entreprise doit-elle utiliser ? Quelles en sont les conséquences sur les volumes de travail et de capital utilisés ?

La 1 est la plus rentable.
6400, 6800
Hausse prix travail combinaison 2, Entreprise doit réduire de moitiée les travailleurs et doubler les robots.

DOC.3 L'influence du coût du travail sur les lieux de production

En mai 2018, l'usine Whirpool de fabrication de sèche-linge à Amiens a fermé ses portes pour s'installer en Pologne, où le coût horaire de la main-d'œuvre est quatre fois moins élevé qu'en France. Les Polonais ont un bon niveau de productivité et de qualification et la Pologne occupe une place stratégique en Europe, à proximité de l'Allemagne.

© Magnard, 2019.

Des salariés devant l'usine Whirlpool d'Amiens, en 2017.

4 **Quelles sont les raisons qui ont décidé Whirlpool à s'installer en Pologne ?**

car le coût des horaires de la main-d'oeuvre est -cher, plus de productivité et occupe une place stratégique ✓

5 **Comment peut-on éviter qu'une délocalisation n'entraîne des suppressions d'emplois ?**

Augmenter la mobilité Européenne et former les travailleurs

DOC.4 L'impact des changements technologiques sur l'emploi

Selon une étude britannique […], « l'intelligence artificielle[1] ne va pas créer de chômage technologique puisqu'elle pourrait supprimer et créer un nombre équivalent d'emplois. […] Les nouvelles technologies majeures, des machines à vapeur aux ordinateurs, déplacent certains emplois existants, mais génèrent également des gains de productivité[2] importants, ce qui a pour conséquence de réduire les prix et d'augmenter les revenus […] et les dépenses. Cette situation crée un besoin supplémentaire de travailleurs. »
Des emplois supprimés par-ci, des emplois créés par-là… Tout va bien dans le meilleur des mondes ? Pas nécessairement, [car] les profils potentiellement touchés par l'automatisation des tâches ne sont pas forcément ceux qui seront recherchés dans les nouvelles offres d'emplois engendrées par la généralisation de l'IA.

Émilie Laystary, © www.rfi.fr, 17 juillet 2018.

1. L'objectif de l'IA est de créer des machines capables de simuler de l'intelligence, c'est-à-dire de remplacer l'humain dans certaines de ses actions cérébrales. 2. Hausse de la productivité du travail ou de la production par personne employée.

6 **Pourquoi, d'après cette étude, l'intelligence artificielle ne va-t-elle pas créer de chômage technologique ?**

car cela va créer de nouveaux emplois ✓

7 **Pourquoi les nouvelles technologies créent-elles, globalement, des emplois ?**

car les technologies vont se développer mais il faut des travailleurs spécialisé pour les faire fonctionner. ✓
productivité ↗ prix ↘
pouvoir d'achat ↗ comme pour la demande de produit.

8 **Quels sont les salariés qui vont perdre leurs emplois et qui risquent de ne pas en retrouver ?**

ce qui travaillent à la place des machines. ✗ les emplois non qualifiés

FAIRE LE POINT

Vrai ou faux ?

	Vrai	Faux
1. Quand les facteurs de production sont substituables, il est possible de produire autant avec moins de capital et plus de travail.	☒	☐
2. La bauxite, utilisée pour produire de l'aluminium, est du capital technique.	☐	☒
3. Pour minimiser ses coûts, l'entreprise doit connaître le prix des facteurs de production.	☒	☐ ✓
4. Le coût du travail est le seul critère de l'entreprise pour décider dans quel pays s'implanter.	☐	☒
5. Les changements technologiques suppriment des emplois sans en créer d'autres.	☐	☒ ✓

Les principaux indicateurs de création de richesses

OBJECTIF : Connaître les indicateurs de création de richesses par l'entreprise : valeur ajoutée, chiffre d'affaires, bénéfice.

FICHE 9

DOC.1 Production, consommations intermédiaires et valeur ajoutée

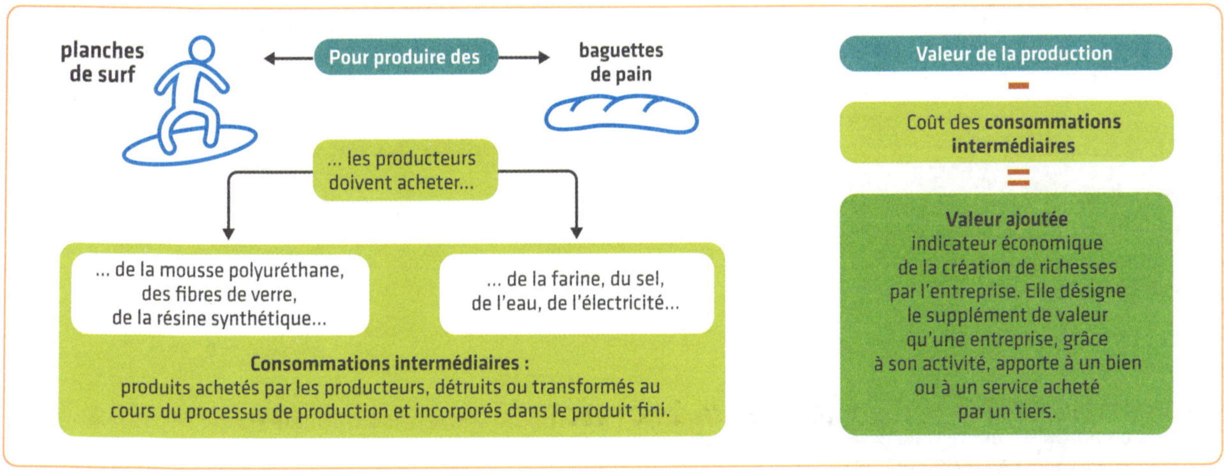

1 Pourquoi la mousse de polyuréthane est-elle une consommation intermédiaire pour une entreprise qui produit des planches de surf ?

....

2 Pourquoi la valeur ajoutée mesure-t-elle la richesse produite par l'entreprise ?

....

DOC.2 La répartition de la valeur ajoutée

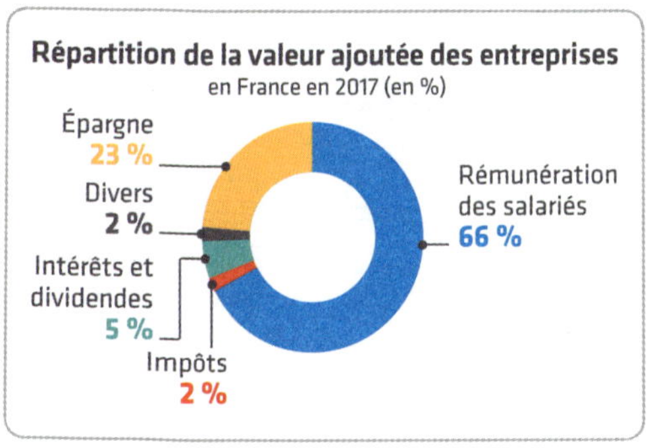

La richesse produite par l'entreprise, mesurée par la valeur ajoutée, rémunère tous les acteurs de l'entreprise qui participent à son fonctionnement et créent la valeur ajoutée :
– les salariés par le versement des salaires y compris les cotisations sociales ;
– ceux qui apportent les capitaux, les actionnaires (les propriétaires) qui touchent des dividendes (une partie des bénéfices) et les prêteurs qui reçoivent des intérêts ;
– les administrations publiques qui, par leurs dépenses, participent au bon fonctionnement de l'entreprise.
Après la rémunération de tous ces acteurs, l'entreprise peut dégager une épargne qui lui servira, par exemple, à rembourser ses emprunts, à financer ses investissements (achats de biens de production), à acheter des parts dans d'autres sociétés.

3 Quel est le principal poste de la répartition de la valeur ajoutée ?

paye les employés + cot. sociales, état (impôts), banque (emprunt + intérêts), les apporteurs de capitaux

4 Pourquoi les administrations publiques, les actionnaires et les prêteurs sont-ils rémunérés par l'entreprise ?

car l'entreprise pourra rembourser ses emprunts, financer ses investissements ou encore acheter des parts dans d'autres entreprises grâce à une épargne

DOC. 3 Chiffre d'affaires et bénéfice : deux indicateurs de richesse et de performance

Walmart

Walmart : 1re entreprise mondiale
Entreprise américaine

Activités : commerce de détail

Chiffre d'affaires : 485,9 milliards de dollars (1er rang mondial)

Résultat net (bénéfice) : 13,6 milliards de dollars

Effectifs : 2,3 millions de salariés (1er rang mondial)

Données 2017

AXA

Axa : 1re entreprise française
Entreprise française

Activités : assurances

Chiffre d'affaires : 111,3 milliards de dollars (27e rang mondial)

Résultat net (bénéfice) : 6,8 milliards de dollars

Effectifs : 160 000 salariés

Données 2017

NE PAS CONFONDRE

Le **chiffre d'affaires** est le montant annuel des ventes de l'entreprise (quantités vendues des différents biens et services × prix de vente respectifs).

Le **résultat net** (bénéfice ou perte) est la différence entre tous les produits et toutes les charges de l'entreprise. Il peut être en totalité ou partiellement distribué aux propriétaires. Le reste non distribué est mis en réserve pour, par exemple, investir (c'est-à-dire acheter des biens de production) ultérieurement.

5 Quels sont les indicateurs de richesse et de performance utilisés dans les classements mondiaux des entreprises ?

....

....

....

....

....

....

6 Comparez la première entreprise française avec la première entreprise mondiale.

....

....

....

....

....

DOC. 4 Du chiffre d'affaires au résultat net

Le chiffre d'affaires et le résultat net comptable (bénéfice ou perte) figurent dans le compte de résultat des entreprises. **Un exemple de compte de résultat simplifié pour l'entreprise X (en milliers d'euros)**

+ Chiffre d'affaires	+	10 000
– Consommations intermédiaires	–	4 500
– Rémunération des salariés	–	4 800
– Intérêts versés sur les emprunts	–	400
– Autres charges	–	150
– Impôts sur les bénéfices	–	20
Résultat net comptable	**+**	**130**

7 Calculez la valeur ajoutée de cette entreprise.

....

....

....

....

8 Comment le résultat net comptable a-t-il été obtenu ?

....

....

....

....

....

FAIRE LE POINT

Associez chaque notion à sa définition.

Valeur ajoutée •	• Montant annuel des ventes d'une entreprise
Chiffre d'affaires •	• Supplément de valeur qu'une entreprise apporte grâce à son activité
Bénéfice •	• Différence entre les produits et les charges d'une entreprise.

Le PIB : définition et limites

OBJECTIF : Savoir que le PIB correspond à la somme des valeurs ajoutées et qu'il ne rend pas compte des inégalités de revenus.

FICHE 10

DOC.1 L'économie mondiale selon le PIB

Répartition du PIB mondial par pays et zones géographiques en 2017 (en %)

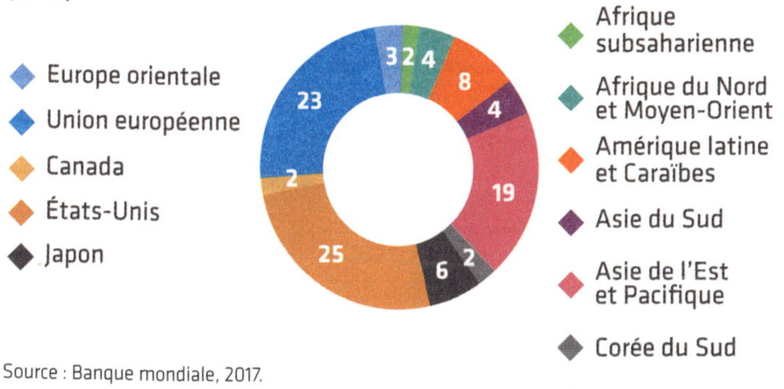

Source : Banque mondiale, 2017.

NOTION

Qu'est-ce que le PIB ?

P = produit : valeurs ajoutées des productions marchande et non marchande

I = intérieur : valeurs ajoutées par les agents résidents, exerçant leur activité sur le territoire national

B = brut : avant prise en compte de l'usure des équipements, infrastructure, bâtiments, machines

Aux prix du marché = somme des valeurs ajoutées + impôts sur la production – subventions versées par les pouvoirs publics.

1 Au niveau mondial, quels sont les deux pays ou groupes de pays qui pèsent au total pour près de 50 % dans le PIB ?

....

....

....

....

....

DOC.2 Le PIB est la somme des valeurs ajoutées

Additionner les productions de ces trois entreprises surestime la valeur de la production, puisque le minerai de fer est compris dans la valeur de l'acier et l'acier dans celle des voitures. Il faut donc additionner les valeurs ajoutées.

	Entreprise 1 : minerai de fer	Entreprise 2 : acier	Entreprise 3 : voitures	Total
Valeur de la production	4 200 $	9 000 $	21 500 $	34 700 $
Consommations intermédiaires	0	4 200 $	9 000 $	13 200 $
Valeur ajoutée	4 200 $	4 800 $	12 500 $	21 500 $

D'après Paul Krugman et Robin Wells, 2016.

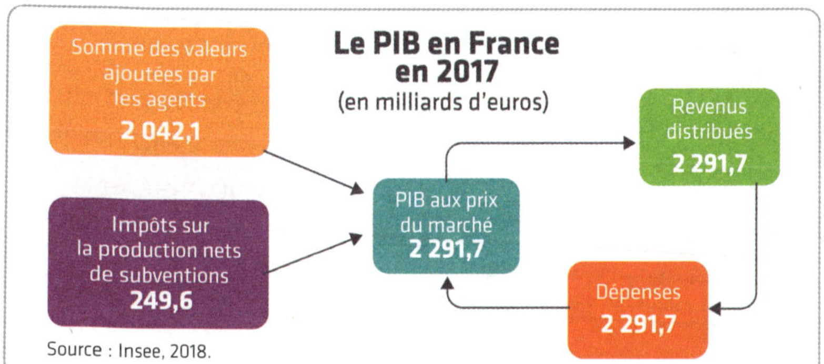

Source : Insee, 2018.

2 Pourquoi le PIB est-il la somme des valeurs ajoutées et non la somme des productions ?

....

....

....

....

....

....

....

....

....

....

....

3 Pourquoi le PIB est-il égal aux revenus distribués et aux dépenses de l'économie nationale ?

....

....

....

....

....

....

....

DOC.3 PIB, qualité de vie et inégalités de revenus

Les inégalités de revenus en France

Rapport entre les revenus moyens des plus riches et ceux des plus pauvres

Source : Insee, Observatoire des inégalités, 2018.

Lecture : en 2016, le niveau de vie, mesuré par le revenu disponible (revenu d'activité moins impôts plus prestations sociales) moyen des 10 % les plus riches est 6,7 fois plus élevé que le revenu moyen des 10 % les plus pauvres.

Les inégalités de revenus dans le monde

Population (en millions d'habitants)

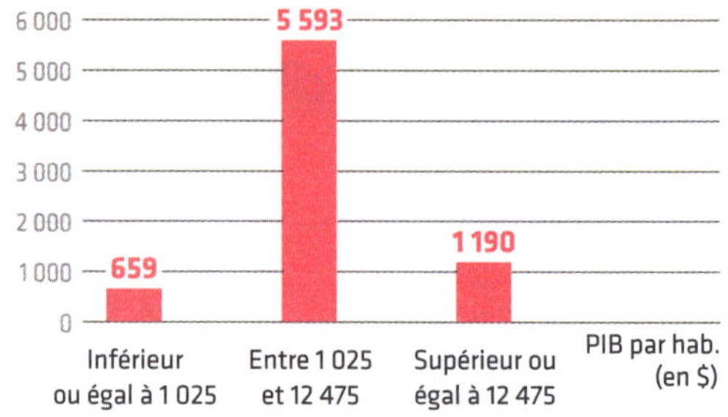

Source : Banque mondiale, 2017.

PIB = indicateur global

PIB/habitant = rapport PIB/population du pays

Le PIB est une moyenne qui ne rend pas compte des inégalités de revenus

Danemark

PIB/hab. = **53 000 $/an**

Classé parmi les **30 pays les plus égalitaires au monde**

Singapour

PIB/hab. = **53 000 $/an**

Classé parmi les **40 pays les moins égalitaires au monde**

Source : Banque mondiale, 2016.

Autres limites du PIB
- Ne tient compte que des activités rémunérées (les activités bénévoles ou domestiques sont exclues).
- N'est pas adapté pour évaluer la qualité de vie de la population (doit être complété par des indicateurs : émissions de CO_2, inégalités d'accès au logement…).

4 Pourquoi le PIB n'est-il pas adapté pour évaluer la qualité de vie de la population ?

....

....

....

5 En 2016, par combien les revenus des 10 % les plus riches sont-ils multipliés par rapport au 10 % les plus pauvres ?

....

....

6 Montrez que la répartition des revenus au niveau mondial est inégalitaire.

....

....

....

....

....

7 Pourquoi le PIB ne tient-il pas compte des inégalités de revenus ?

....

....

....

....

....

....

....

....

....

....

FAIRE LE POINT

Complétez le texte à l'aide des termes suivants :
valeurs ajoutées – adapté – global – inégalités – produit – brut – vie – productions.

Le sigle PIB signifie « .... intérieur .... ». On le calcule en faisant la somme des .... et non la somme des .... Le PIB est un indicateur .... qui ne tient pas compte des .... de revenus et qui n'est pas .... pour apprécier la qualité de ....

La croissance économique : mesure et tendances mondiales

OBJECTIF : Savoir comment est mesurée la croissance économique et en connaître les grandes tendances mondiales.

FICHE 11

DOC. 1 Aux origines de la croissance moderne : la première révolution industrielle

Vue d'ensemble de l'usine de M. Vivian, à Swansea, au Pays de Galles, gravure du XIXe siècle.

Vers le milieu du XVIIIe siècle, la révolution industrielle provoque une rupture portée par l'émergence de nouvelles techniques. La plus célèbre d'entre elles est la machine à vapeur de James Watt en 1769 qui va permettre de développer l'industrie textile, les chemins de fer, puis les bateaux à vapeur.
La croissance économique moderne va s'appuyer sur un renouvellement technologique permanent, et déborder la croissance démographique.
À partir du XIXe siècle, dans les pays industrialisés, c'est la croissance du revenu par tête qui devient la marque d'une société prospère.

D'après Daniel Cohen, *La Prospérité du vice, Une introduction inquiète à l'économie*, © Albin Michel, 2009.

1 Quelles sont les évolutions permises par la révolution industrielle à la fin du XVIIIe siècle ?

DOC. 2 La croissance : évolution sur une longue période

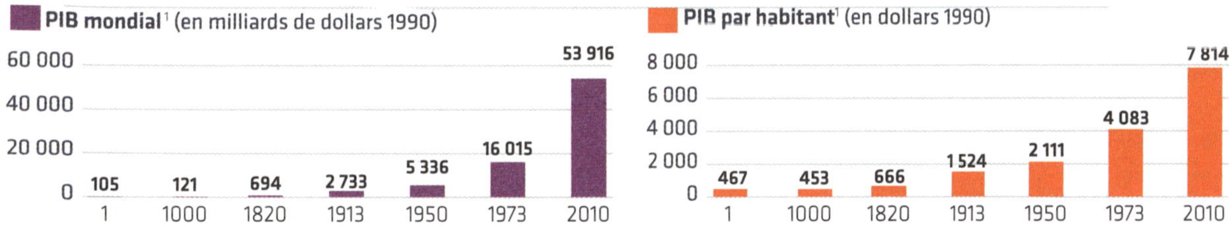

1. PIB et PIB par habitant hors inflation, en valeur réelle, et calculés en tenant compte des différences de pouvoir d'achat entre les pays.
Source : www.ggdc.net, consulté en 2019.

La croissance économique désigne l'augmentation sur une longue période de la production de biens et de services. L'indicateur utilisé pour la mesure de la croissance est le taux de croissance du PIB en valeur réelle. Si ce taux de croissance est supérieur à celui de la population, le PIB par habitant augmente et le niveau de vie s'améliore.

2 Définissez la croissance économique et le PIB par habitant.

3 Par combien le PIB et le PIB par habitant ont-ils été multipliés de l'an 0 à 2010 ? SAVOIR-FAIRE 2 p.86

DOC.3 Des rythmes de croissance différents au cours du temps

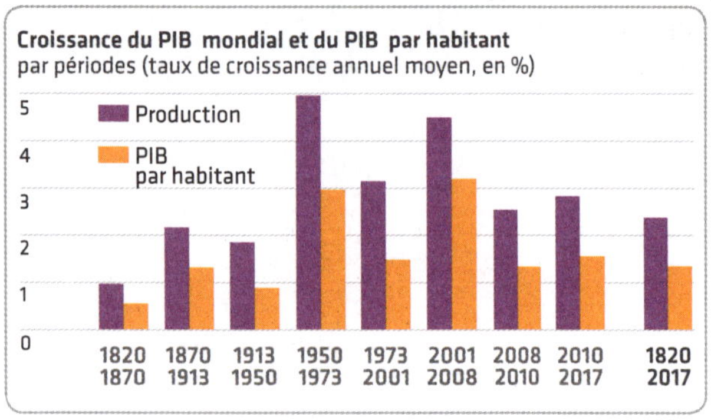

4 En moyenne, les croissances du PIB et du PIB par habitant ont-elles été rapides ? régulières ? Justifiez vos réponses.

....

....

....

....

....

....

....

5 Sur quelles périodes les croissances du PIB et du PIB par habitant ont-elles été plus rapides ? Pourquoi ?

....

....

....

....

DOC.4 La croissance des pays du Sud : ampleur et conséquences

	PIB par habitant en $ et à prix constants	
	1970	2017
États-Unis	22 628	53 023
Chine	226	7 209
Inde	354	1 948
Pays les moins avancés (PMA)	556	881

CNUCED, 2018.

Le Sud encore loin du Nord

La croissance économique du Sud n'a pas donné lieu à un rattrapage uniforme des pays du Nord. L'évolution du PIB par habitant de la Chine reste exceptionnelle. Pour les PMA (pays les moins avancés), l'écart se creuse. La spectaculaire baisse de la pauvreté (10,7 % de la population mondiale en 2013, 42,2 % en 1981) laisse apparaître des situations bien distinctes. L'Afrique reste largement à l'écart de ce phénomène. Ces progrès sont, en Asie, surtout le résultat quasi mécanique de la croissance et très peu celui de politiques publiques redistributives. D'où la persistance d'immenses poches de pauvreté. L'Inde est désormais au 3e rang mondial pour le PIB mais un quart de sa population vit toujours sous le seuil de pauvreté.

D'après Olivier Gil, © *Alternatives économiques*, octobre 2014.

La croissance rapide de l'Inde et de la Chine

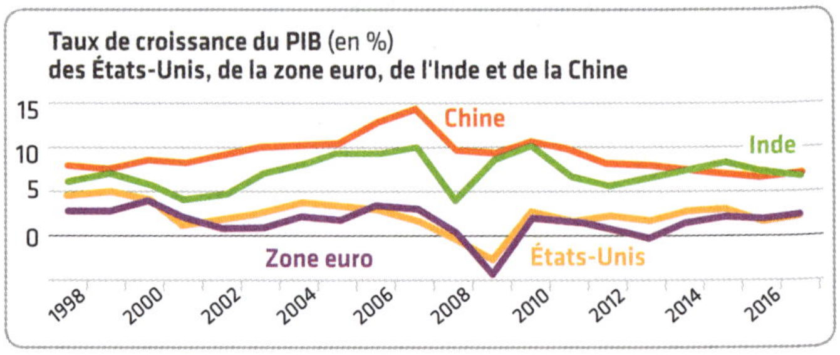

6 Montrez que, depuis 1998, les croissances de la Chine et de l'Inde ont toujours été très supérieures à celles des États-Unis et de la zone euro.

....

....

....

....

....

7 Quelle a été la conséquence de ces croissances sur le PIB par habitant de ces pays ?

....

....

....

....

....

FAIRE LE POINT

Vrai ou faux ?

	Vrai	Faux
1. La croissance économique est l'augmentation du PIB sur une longue période.	☐	☐
2. Depuis le début du XIXe siècle, la croissance économique a été régulière.	☐	☐
3. Si le PIB augmente de 2 % par an sur dix ans, son niveau au bout de 10 ans est supérieur de 20 % à son niveau initial.	☐	☐
4. Depuis les années 1990, l'Inde et la Chine ont connu une croissance exceptionnelle.	☐	☐

Les limites écologiques de la croissance

OBJECTIF : Connaître les principales limites écologiques de la croissance.

FICHE 12

DOC. 1 Alerte sur la planète

Les marées noires

Le dessèchement des sols

L'épuisement des stocks de poissons

1 Montrez que ces photos illustrent la hausse des températures mondiales, la surexploitation des ressources naturelles, les dégâts écologiques provoqués par le pétrole.

....

....

....

....

DOC. 2 Empreinte écologique et jour du dépassement

5 mai 2018
« Jour du dépassement » en France
(30 septembre en 1961)

Jour où **empreinte écologique** > **biocapacité**
Utilisation d'une surface supérieure à celle permettant de produire sans dégrader l'environnement

Empreinte écologique
Surface nécessaire pour produire tout ce que nous consommons.

Biocapacité
Surface dont nous disposons pour produire sans dégrader l'environnement.

1,8 fois La France demande 1,8 fois plus de ressources que sa biocapacité n'est capable de lui offrir.

33 ans Équivalent de la dette écologique en années de la France accumulée depuis 1961

2,9 Terre Surface nécessaire si le monde entier vivait et consommait comme la France

2 Expliquez en quoi consiste le dépassement écologique.

....

....

....

....

....

....

....

3 Montrez que la France consomme plus que ce qu'elle est capable de produire sans dégrader l'environnement.

....

....

....

....

....

....

DOC. 3 Croissance économique et environnement

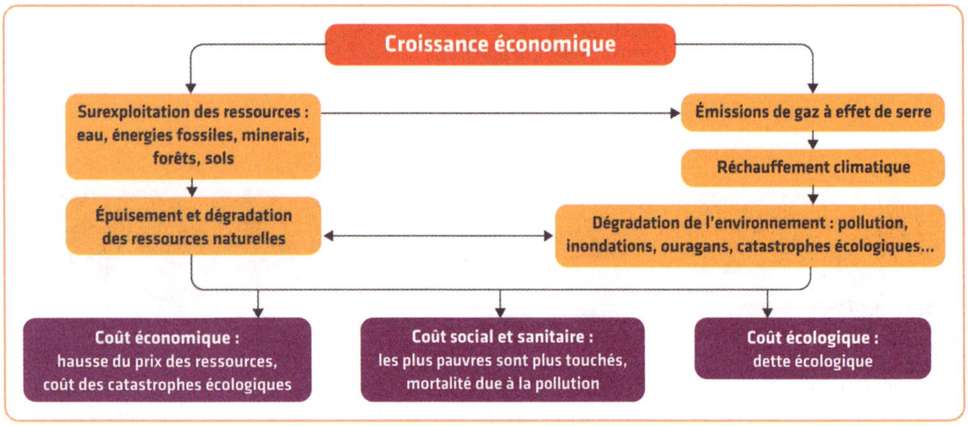

4 Quelle est la cause fondamentale de la dégradation de l'environnement ?

....

5 Quels sont les freins à la croissance ?

....

DOC. 4 La croissance économique à long terme peut-elle être durable ?

La croissance économique à long terme est durable si elle peut se poursuivre malgré l'offre limitée de ressources naturelles et les impacts de la croissance sur l'environnement. La rareté des ressources élève leur prix, ce qui incite les agents économiques à trouver d'autres solutions. À la différence de la rareté des ressources, les problèmes environnementaux sont plus difficiles à traiter. La pollution est un coût que certains agents imposent aux autres sans avoir à payer. Ces agents ne sont donc pas incités à réduire leur pollution.
Par conséquent, une intervention de l'État est nécessaire pour inciter ou contraindre les agents à gérer le changement climatique en utilisant des sources d'énergies alternatives telles que l'éolien, le solaire, ou en concevant des bâtiments plus faciles à chauffer l'hiver et à refroidir l'été.

D'après Paul Krugman, Robin Wells, *Macroéconomie*, © Éditions De Boeck, 2016.

COMPRENDRE

L'**accord de Paris** (COP21, 2015) prévoit de limiter à 2 °C le réchauffement du globe par rapport à l'ère pré-industrielle. Pour l'instant, les contributions volontaires des États signataires de l'accord, conduiraient à une hausse de 3,2 °C d'ici la fin du siècle.

6 Quelles sont les relations entre rareté des ressources, hausse des prix et alternatives à ces ressources ?

....

7 Pourquoi l'intervention de l'État est-elle nécessaire pour éviter la dégradation de l'environnement ?

....

FAIRE LE POINT

Vrai ou faux ? Justifiez vos réponses.

	Vrai	Faux
1. Quand une ressource est rare, son prix augmente.	☐	☐
2. La hausse des émissions de gaz à effet de serre augmente la température du globe.	☐	☐
3. Après le jour du dépassement écologique, la consommation ne dégrade pas l'environnement.	☐	☐
4. La dette écologique est la dette de l'État.	☐	☐

Prod DB © Little Bear - Films Alain Sarde / DR
MA PETITE ENTREPRISE de Pierre Jolivet 1999

T.C.D

Ma petite entreprise

Au cœur de la production des richesses

Synopsis

Ivan dirige une petite entreprise de menuiserie.
Il affronte le quotidien des commandes, des livraisons, des retards de paiement et les problèmes personnels.
Un incendie remet en cause ce très fragile équilibre.

Avec *Ma petite entreprise*, Pierre Jolivet s'inscrit dans une longue tradition du cinéma français de **représentation de la société dans la comédie**.

vidéo
Extraits du film
www.lienmini.fr/ses-2-197

La première séquence étudiée est la scène d'ouverture.

1 Quelle est la taille de l'entreprise d'Ivan ?

- ☐ Moins de 10 salariés
- ☐ De 10 à 249 salariés
- ☐ De 250 à 4 999 salariés
- ☐ Plus de 5 000 salariés

2 Quelle est la nature de la production ? De quels moyens l'entreprise dispose-t-elle pour produire ?

....

....

....

....

....

3 La séquence analysée est une scène d'ouverture. Quelle est sa fonction dans l'histoire ?

....

....

4 Comment le réalisateur Pierre Jolivet la filme-t-il ? (voir LEXIQUE CINÉMA p.98)

- ☐ En plan serré
- ☐ En plan large
- ☐ En plan fixe
- ☐ En travelling

Comment expliquer ce choix ? ....

....

....

La seconde séquence étudiée est celle de la visite de l'assureur, après l'incendie qui a détruit l'atelier.

5 Quelles sont les conséquences de l'incendie ? Cochez la bonne réponse.

- ☐ Les dégâts sont superficiels, l'activité de l'entreprise n'est pas touchée.
- ☐ Les machines sont hors-service : l'entreprise doit cesser son activité car elle ne peut plus honorer ses commandes.
- ☐ Seul le stock est détruit : la production est rapidement relancée.

6 À qui Ivan fait-il appel ? Pourquoi ?

....

....

....

....

7 Comment le réalisateur filme-t-il cette visite ? Comment expliquer ce choix ? (voir LEXIQUE CINÉMA p.98)

....

....

....

....

SYNTHÈSE

Comment crée-t-on des richesses et comment les mesure-t-on ?

1 Production et producteurs

▶ Produire, c'est créer des **biens** (matériels) et des **services** (immatériels) pour satisfaire les besoins. On distingue la **production marchande**, vendue sur un marché, de la **production non marchande**, non vendue sur un marché et offerte gratuitement ou quasi gratuitement.

▶ Les **entreprises** produisent des biens et des services marchands dans le but de réaliser des profits. Les **administrations** et les **associations** ne recherchent pas le profit et offrent des services non marchands.

▶ L'**économie sociale et solidaire (ESS)** regroupe les administrations, les associations, les mutuelles et les fondations. Les entreprises privées peuvent, si elles répondent aux critères définis par la loi, appartenir à l'ESS. L'ESS pèse pour 10 % dans le PIB et 12 % dans l'emploi.

▶ Pour produire, il faut combiner les **facteurs de production**, le **travail**, le **capital**, les **ressources naturelles** en fonction de la **technologie**. Si les facteurs sont **substituables**, le producteur choisit une combinaison lui permettant de minimiser ses coûts.

2 La mesure des richesses produites

▶ La **valeur ajoutée** d'une entreprise est la différence entre la valeur de la production et celle des consommations intermédiaires, détruites au cours du processus de production et incorporées dans la production.

▶ Le **chiffre d'affaires** est le total des ventes de l'entreprise.

▶ Le **bénéfice** est égal à la production moins tous les coûts de l'entreprise.

▶ Au niveau du pays, la production est mesurée par le **PIB**, égal à la somme des valeurs ajoutées de tous les agents. Mais le PIB est un indicateur qui comporte des **limites** : il n'inclut pas la valeur du travail domestique, ni celui des bénévoles. Il ne mesure pas la qualité de vie. Le **PIB par habitant** est une moyenne qui **ne tient pas compte des inégalités de revenus**.

3 La croissance économique : grandes tendances et limites écologiques

▶ La **croissance économique** est l'augmentation de la production de biens et services sur une longue période. On la mesure par les **taux de variation du PIB**.

▶ Depuis le début du XIXe siècle, la croissance économique n'a été ni rapide (environ 2 % par an), ni régulière.

▶ La croissance économique provoque la **raréfaction des ressources naturelles et l'augmentation de la température mondiale**, ce qui augmente l'**empreinte écologique** et entraîne des événements dramatiques.

▶ Aujourd'hui, la planète consomme plus que ce qu'elle devrait consommer pour préserver l'environnement. Seuls les États peuvent agir pour réduire les émissions de gaz à effet de serre.

NOTIONS

- Production marchande
- Production non marchande
- Entreprise
- Administration publique
- Association
- Économie sociale et solidaire
- Facteurs de production
- PIB
- Croissance économique

Voir LEXIQUE p.97-98

SCHÉMA BILAN

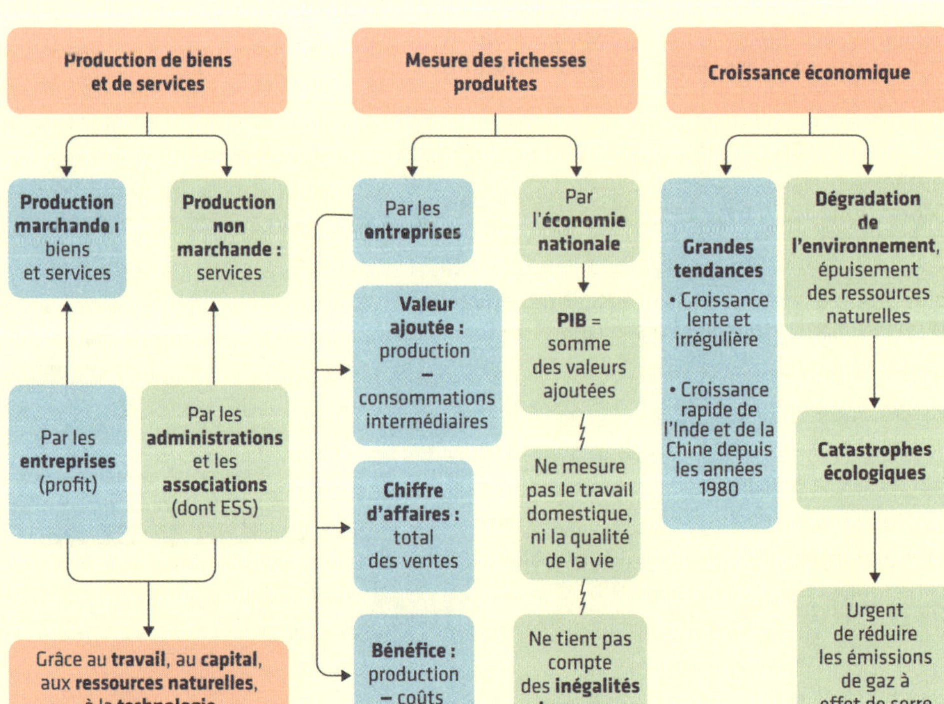

podcast - Ça s'écoute

Comment créer des richesses avec des baskets « 100 % Afrique » ?

Interview de Mehdi Slimani, créateur de l'entreprise Sawa

Durée : 5 min.

www.lienmini.fr/ses-2-195

Qu'est-ce qu'un marché ?

OBJECTIF : Savoir illustrer la notion de marché par des exemples.

FICHE 13

DOC.1 La diversité des marchés

1 Une brocante à Lille.

2 À la Bourse de Paris, acheteurs et vendeurs échangent, entre autres, des actions, c'est-à-dire des titres représentant des parts dans le capital des entreprises.

3 Un café à Chartres.

1 Qu'échange-t-on sur les marchés représentés ici ?

....

....

....

....

....

DOC.2 Le marché, lieu de rencontre entre l'offre et la demande

Le marché est le lieu de rencontre de l'offre et de la demande sur lequel se forment les prix.

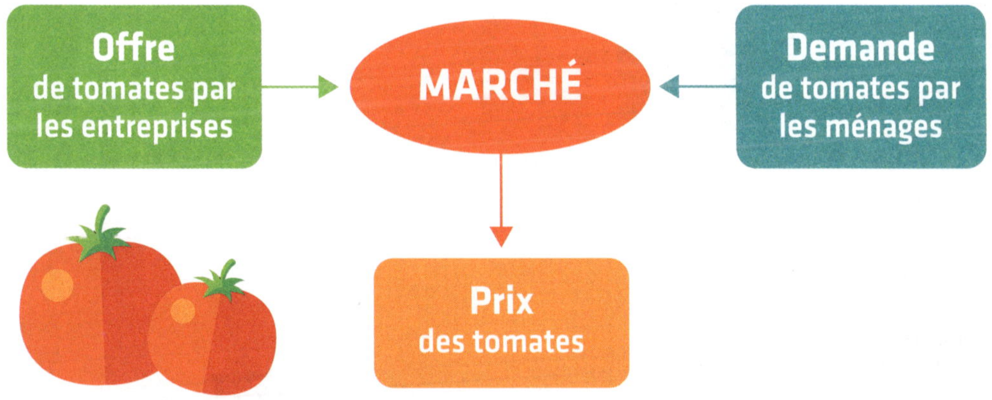

2 Qu'échange-t-on sur ce marché ?

....

....

....

....

....

3 À quoi correspond le prix qui se fixe sur ce marché ?

....

....

....

....

DOC.3 La criée aux poissons

Le marché à la criée au port de Lorient.

Le mode principal de vente du poisson frais est la criée qui met face à face l'offre des pêcheurs et la demande du marché dans un lieu portuaire spécifique. Autrefois, les enchères étaient données à la voix, d'où le terme « criée » qui, par extension, a fini par qualifier aussi le lieu où se déroule cette vente. Ainsi, la halle à marée où se déroule la vente est une criée. [...]
La vente n'a pas pu échapper à la révolution informatique. Mais, compte tenu du nombre élevé de références à traiter, en termes d'espèces, de tailles et de qualité, de la variété des situations portuaires, du poids des traditions, l'informatisation a été complexe à mettre au point et s'est imposée très lentement. [...]
Désormais, la vente informatique regroupe des acheteurs présents physiquement sur les lieux et des acheteurs agréés mais opérant à distance par l'Internet. Ces derniers participent aux enchères de la même façon que les présents.

« La vente en criée : quand le poisson rencontre le marché », www.maisondelamer.org, consulté en 2019..

NOTION

Une **vente aux enchères** est une vente lors de laquelle le bien offert est acheté par celui qui propose le prix le plus élevé.

4 Qu'est-ce qu'une vente aux enchères ? Qui y prend part ici ?

5 La criée aux poissons est-elle un marché virtuel, réel ou les deux ? Pourquoi ?

DOC.4 Le marché mondial des constructeurs de smartphones

Les parts de marché des constructeurs de smartphones en 2018 (en %)

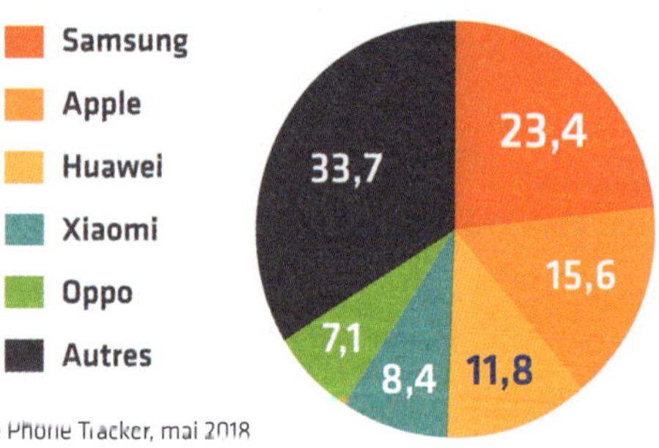

Source : IDC Worldwide Quarterly Mobile Phone Tracker, mai 2018

6 Le marché des smartphones est-il un marché concurrentiel ? Pourquoi ?

NOTION

Un **marché** est **concurrentiel** quand les acheteurs et les vendeurs sont suffisamment nombreux pour qu'aucun ne puisse exercer une influence sur le prix.

vidéo
Le marché des applications
« Classe inversée »
www.lienmini.fr/ses-2-203

FAIRE LE POINT

Vrai ou faux ?

	Vrai	Faux
1. Le marché est le lieu réel ou virtuel de rencontre entre des offres et des demandes.	☐	☐
2. Il n'existe qu'un seul marché : celui des biens et des services.	☐	☐
3. Le lait s'échange sur un marché concurrentiel.	☐	☐
4. Sur un marché concurrentiel, ni les vendeurs ni les acheteurs ne peuvent influencer le prix.	☐	☐

La formation de la demande

OBJECTIF : Comprendre que la demande décroît avec le prix et être capable de l'illustrer.

FICHE 14

DOC.1 La demande diminue avec le prix

Prix par tonne (en euros)	Quantités de beurre demandées (en tonnes)
4 000	50 000
3 500	60 000
3 000	70 000
2 500	80 000
2 000	90 000
1 500	100 000

À partir du tableau, on peut réaliser le graphique suivant :

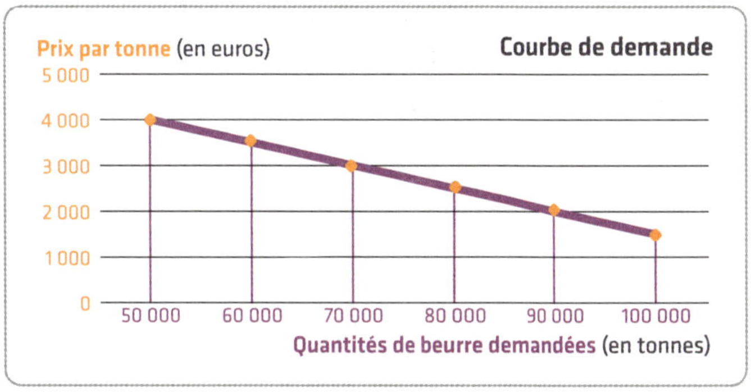

1 **Le prix du beurre passe de 1 500 euros à 2 000 euros à la tonne. Calculez de combien varient les quantités demandées.**

....

....

....

....

....

2 **Utilisez votre réponse pour montrer que la demande de beurre est une fonction décroissante du prix de vente.**

....

....

....

....

....

DOC.2 Le déplacement de la courbe de demande

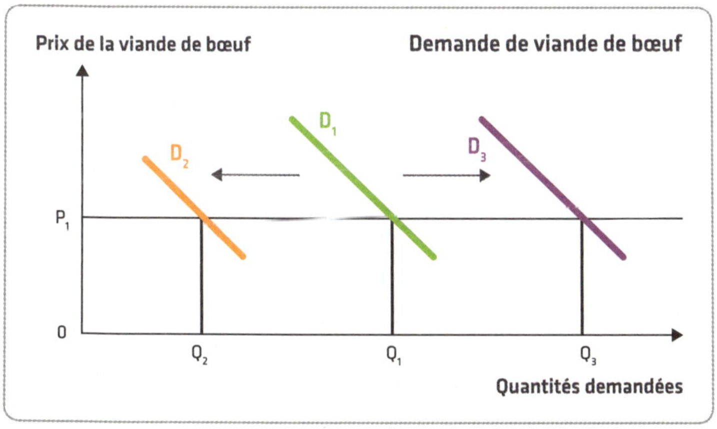

La droite de demande indique l'évolution des quantités demandées quand le prix du bien varie, les autres facteurs tels que les goûts ou le pouvoir d'achat étant constants.
Si par exemple, les consommateurs souhaitent réduire leur consommation de viande en raison des effets négatifs de cette consommation sur la santé, la droite de demande se déplace vers la gauche.

3 **Complétez les phrases suivantes. Pour un prix P_1...**

a. à l'époque 1, les quantités demandées (Q) sont ....

b. à l'époque 2, les quantités demandées (Q) sont ...., inférieures à ....

c. à l'époque 3, les quantités demandées (Q) sont ...., supérieures à .... et à ....

4 **Pour quelles raisons la droite de demande peut-elle se déplacer vers la gauche ou vers la droite ?**

....

....

....

....

....

DOC.3 La demande est plus ou moins sensible à la variation du prix

Au supermarché, le consommateur sera par exemple plus sensible à l'augmentation du prix des œufs (un œuf n'a guère de substitut) qu'à celui du café, remplaçable éventuellement par du thé. Et s'il n'apprécie de surcroît son café qu'avec du sucre, en cas de hausse du prix du café, c'est non seulement la demande de café qui baissera mais aussi celle du sucre (bien « complémentaire » du café). Mais si le café lui est absolument indispensable (une sorte de bien vital sans aucun substitut envisageable à ses yeux), l'augmentation du prix ne changera rien à la quantité consommée. »

Jézabel Couppey-Soubeyran, « La courbe de demande », www.alternatives-economiques.fr, consulté en 2019.

Des exemples de demande de biens et de services

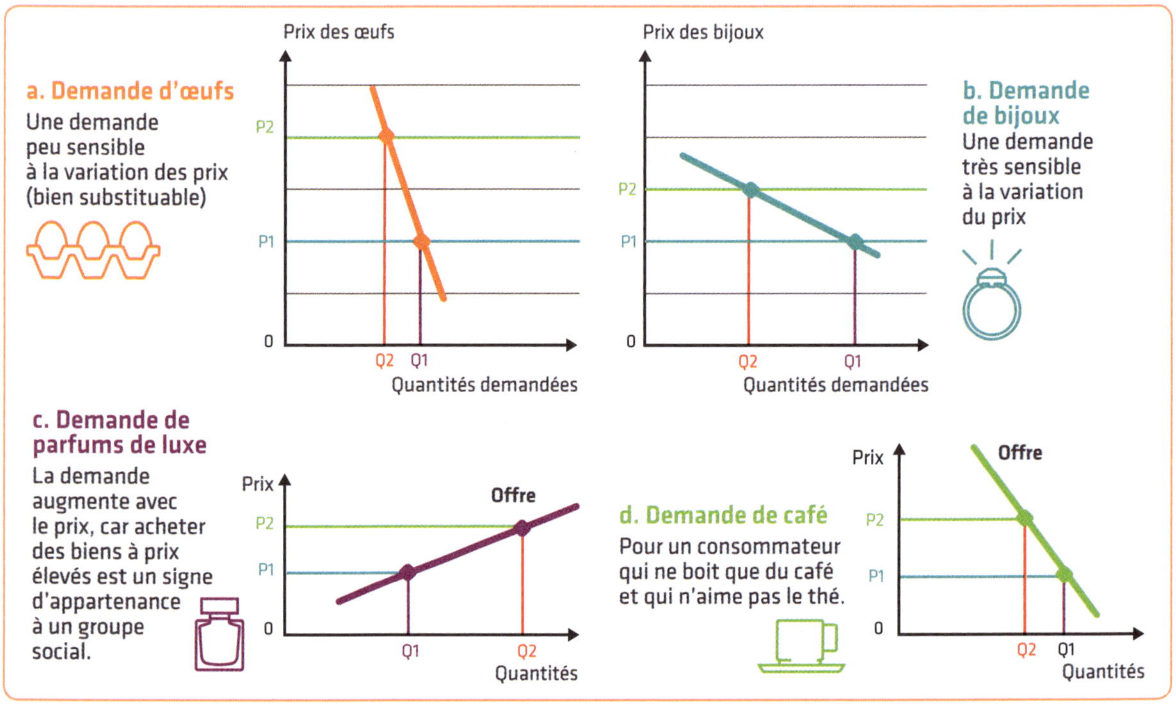

5 Pourquoi la demande d'œufs est-elle une droite presque verticale ?

6 Pourquoi la demande de bijoux est-elle une droite proche de l'horizontale ?

7 La droite de demande d'un bien ou d'un service est-elle toujours décroissante selon le prix ? Pourquoi ?

8 Représentez ci-dessous la demande de café d'un consommateur qui aime beaucoup le thé.

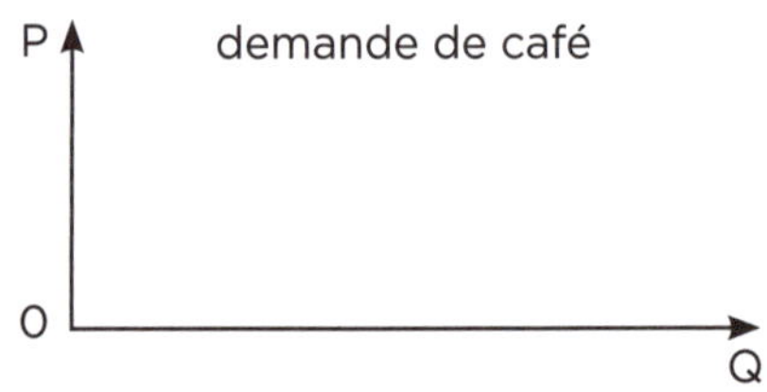

FAIRE LE POINT

Vrai ou faux ?

1. Si la droite de demande se déplace vers la droite, le prix du bien augmente et les quantités diminuent. Vrai ☐ Faux ☐
2. Sur une courbe de demande, les quantités augmentent quand le prix baisse. Vrai ☐ Faux ☐
3. Pour les biens indispensables et qui n'ont pas de substituts, la courbe de demande est proche de la verticale. Vrai ☐ Faux ☐
4. Il existe des biens et des services pour lesquels la demande augmente avec le prix. Vrai ☐ Faux ☐

La formation de l'offre

OBJECTIF : Comprendre que l'offre croît avec le prix et être capable de l'illustrer.

FICHE 15

DOC. 1 L'offre augmente avec le prix

Prix par tonne (en euros)	Quantités de beurre offertes (en tonnes)
1 500	50 000
2 000	60 000
2 500	70 000
3 000	80 000
3 500	90 000
4 000	100 000

À partir du tableau, on peut réaliser le graphique suivant :

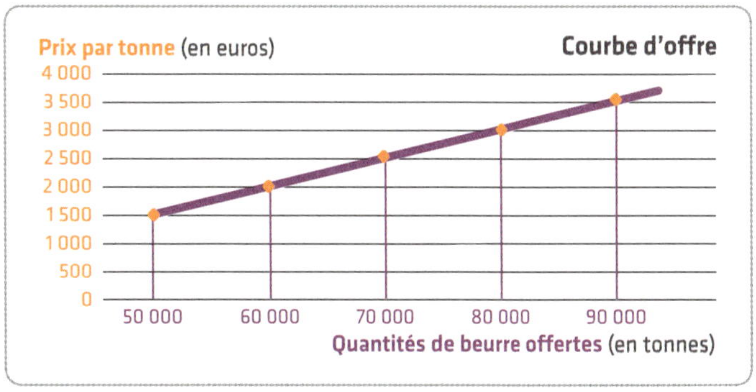

1 **Le prix du beurre passe de 2 000 euros à 2 500 euros à la tonne. De combien les quantités offertes varient-elles ?**

....

....

....

....

2 **Utilisez votre réponse pour montrer que l'offre de beurre est une fonction décroissante du prix de vente.**

....

....

....

....

DOC. 2 Prix de vente, coûts de production, marge

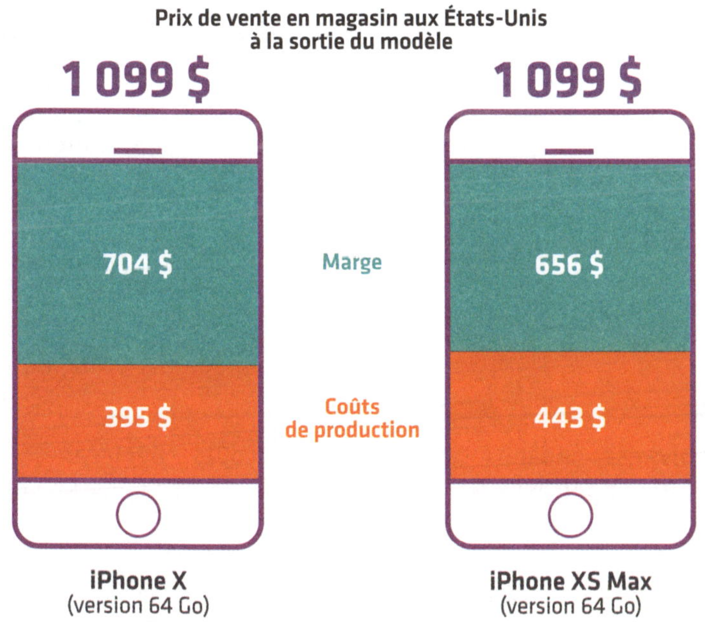

Source : frandroid.com, consulté en janvier 2019.

3 **À votre avis, pourquoi les coûts de production de l'iPhone XS Max sont-ils supérieurs à ceux de l'iPhone X ?**

....

....

....

....

....

....

....

4 **Pourquoi les prix de vente des deux iPhones sont-ils identiques ?**

....

....

....

....

....

....

5 **Au-delà du coût, qu'est-ce qui détermine, selon vous, le prix de vente d'un iPhone ?**

....

....

....

DOC. 3 Déplacements et formes possibles de la courbe d'offre

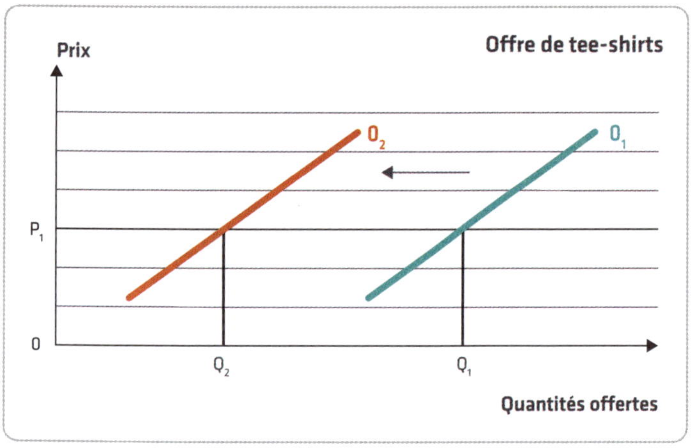

Un exemple de déplacement de la courbe d'offre

Le coût de production de tee-shirts dépend pour partie du prix de la main-d'œuvre. La majeure partie des tee-shirts sont fabriqués dans des pays émergents comme la Chine. À la suite de revendications sociales dans ce pays, le prix de la main-d'œuvre augmente. Cette hausse du prix de la main-d'œuvre est répercutée sur le prix des tee-shirts. La courbe O_1 représente l'offre de tee-shirts avant la hausse du prix, la courbe O_2 après la hausse du prix.

L'offre est plus ou moins sensible à la variation des prix

Offre très sensible à la variation des prix

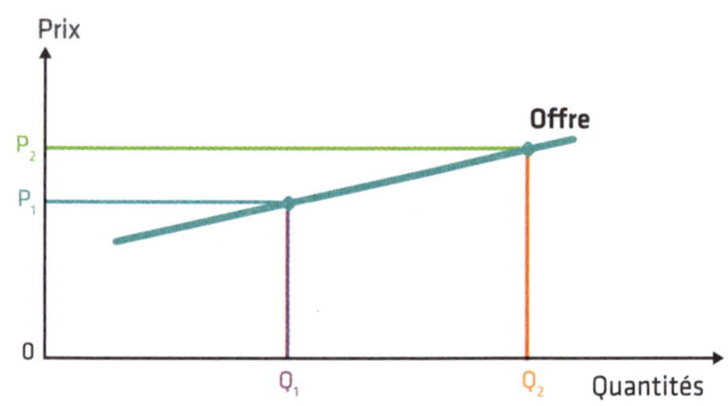

Expressos vendus dans un café

Tous les biens qui peuvent facilement être produits rapidement.

Offre peu sensible à la variation des prix

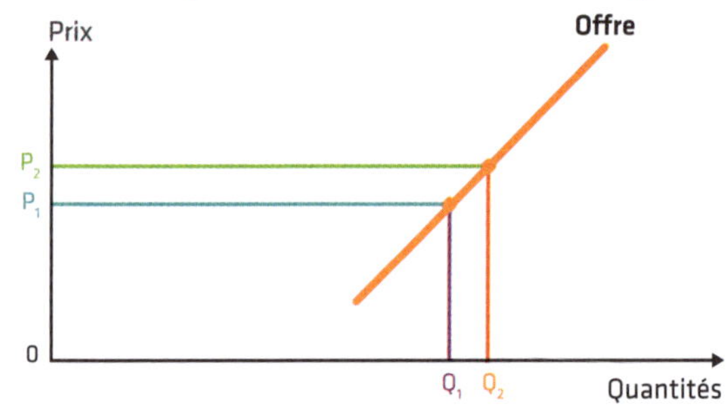

Production de blé ou de bananes

Récoltes sur un an : à court terme, offre peu sensible à la variation des prix/à long terme, offre sensible.

6 **Pourquoi la hausse du prix de la main-d'œuvre provoque-t-elle un déplacement vers la gauche de la courbe d'offre ?**

....
....
....
....
....

7 **Complétez le tableau suivant à l'aide d'exemples.**

Biens dont l'offre est très sensible à la variation du prix	Biens dont l'offre est peu sensible à la variation du prix
....	....
....	....
....	....

FAIRE LE POINT

Complétez le texte à l'aide des termes suivants : bananes – élevés – moins – coûts – déplacer – croissante – variation – augmenter – temps – importantes.

Plus le nombre d'unités produites augmentent, plus les .... de production sont .... et plus le prix doit .... L'offre est une fonction .... du prix. Elle est aussi plus ou moins sensible à la .... du prix. Ainsi, la production de .... est peu sensible à court terme à la variation du prix, car il faut du .... pour produire des bananes. La droite d'offre peut se .... vers la gauche quand, pour un même prix, les quantités produites sont .... importantes, vers la droite quand, pour un même prix, les quantités produites sont plus ....

L'équilibre du marché

OBJECTIF : Comprendre comment se fixe et s'ajuste le prix et être capable d'illustrer l'équilibre du marché.

FICHE 16

DOC.1 La formation de l'équilibre sur un marché

Plusieurs marchands de croissants vendent leurs produits devant le lycée à la récréation du matin. En fonction de la demande des lycéens et de l'offre des commerçants, le prix des croissants évolue.

Prix (en euros)	Demande (en nombre de croissants)	Offre (en nombre de croissants)
0,10	600	0
0,40	500	100
0,70	400	200
1	300	300
1,30	200	400
1,60	100	500
1,90	0	600

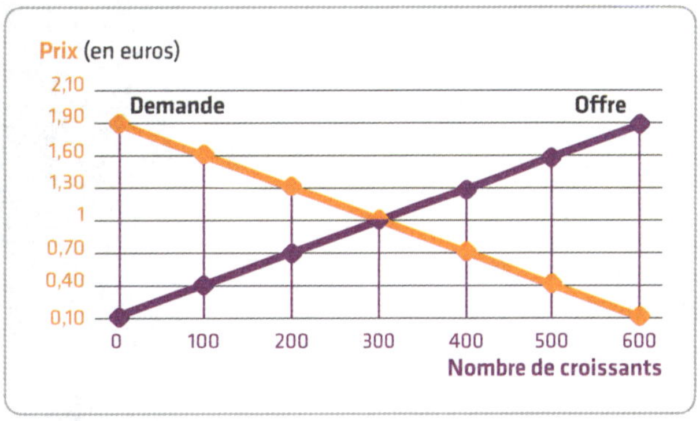

1 Quand le prix est égal à 1,60 euros, quelles sont les quantités offertes et demandées ? Que va-t-il, à votre avis, se passer ?

2 Quand le prix est égal à 0,40 euros, quelles sont les quantités offertes et demandées ? Que va-t-il, à votre avis, se passer ?

3 Pour quel prix et quelles quantités l'équilibre du marché est-il atteint ?

DOC.2 Conséquences sur l'équilibre du marché des déplacements de l'offre et de la demande

Les droites d'offre et de demande peuvent se déplacer sur la droite ou sur la gauche. Ces déplacements expliquent la variation des prix au cours du temps.

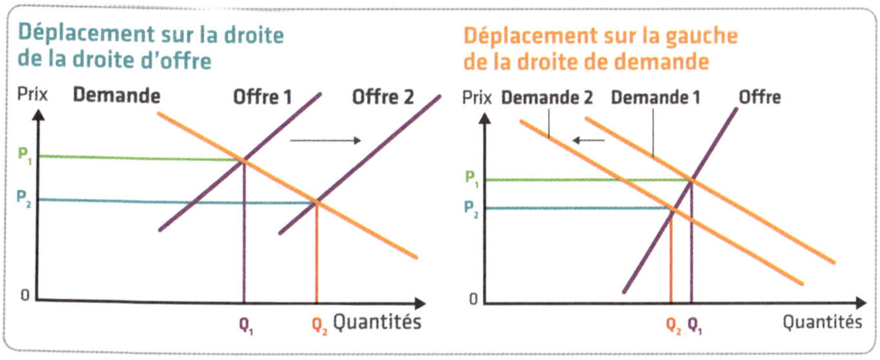

4 Pour quelles raisons la droite d'offre peut-elle se déplacer vers la droite ?

5 Quel est l'équilibre du marché avant le déplacement de la droite d'offre ? après son déplacement ?

6 Pour quelles raisons la droite de demande peut-elle se déplacer vers la gauche ?

7 Sur le marché des capitaux, le prix des actions varie d'heure en heure. Comment pouvez-vous expliquer cette instabilité ?

DOC 3 Basquiat et le marché de l'art

Comment ce jeune taggeur noir américain de Brooklyn, mort en 1988 d'une overdose, qui dénonçait le *same old shit* (« toujours la même merde ») de la société américaine, a-t-il pu devenir de manière posthume le peintre le plus recherché par les collectionneurs richissimes de la planète, de l'Asie à l'Europe en passant par l'Amérique ? Le meilleur coup de marteau de l'année est tombé pour une de ses œuvres, vendue à plus de 45 millions de dollars (*Flexible*, en mai 2018). Un an plus tôt, son œuvre *Untitled* passait pour la première fois le seuil des 100 millions de dollars. Achetée 20 900 dollars en 1984, elle s'est revendue 5 300 fois ce montant 33 ans plus tard (soit 110,5 millions de dollars), grâce à l'acquisition du collectionneur japonais Yusaku Maezawa. C'est la mise en concurrence directe à New York de tous ces acheteurs qui a pu faire grimper les enchères vers ce record inattendu. La cote de ses dessins affiche aussi une croissance de 2 000 % en 20 ans. À la mort de l'artiste, en 1988, ses meilleures œuvres ne dépassaient pas les 100 000 dollars.

« La fabuleuse ascension de Basquiat sur le marché de l'art contemporain », © AFP, 3 octobre 2018.

Jean-Michel Basquiat, *Untitled*, 1982.

8 Que signifie l'expression soulignée ?

....

....

....

....

9 Pourquoi la courbe d'offre est-elle ici une verticale ?

....

....

....

10 Comment expliquer la hausse des prix des œuvres de cet artiste en raisonnant à partir de l'offre et de la demande ?

....

....

....

....

....

....

....

....

FAIRE LE POINT

Vrai ou faux ?

1. L'équilibre du marché correspond au point d'intersection entre la courbe d'offre et la courbe de demande. Vrai ☐ Faux ☐
2. Lorsque les quantités offertes sont supérieures aux quantités demandées, le prix augmente. Vrai ☐ Faux ☐
3. Lorsque les quantités demandées sont supérieures aux quantités offertes, les prix augmentent, ce qui permet de rétablir l'équilibre entre l'offre et la demande. Vrai ☐ Faux ☐
4. Sur un marché concurrentiel, les prix ne bougent jamais. Vrai ☐ Faux ☐

L'impact des taxes et subventions sur l'équilibre du marché

OBJECTIF : Comprendre les effets sur l'équilibre de la mise en place d'une taxe ou d'une subvention.

FICHE 17

DOC.1 La « taxe soda » : une taxe pour prévenir l'obésité

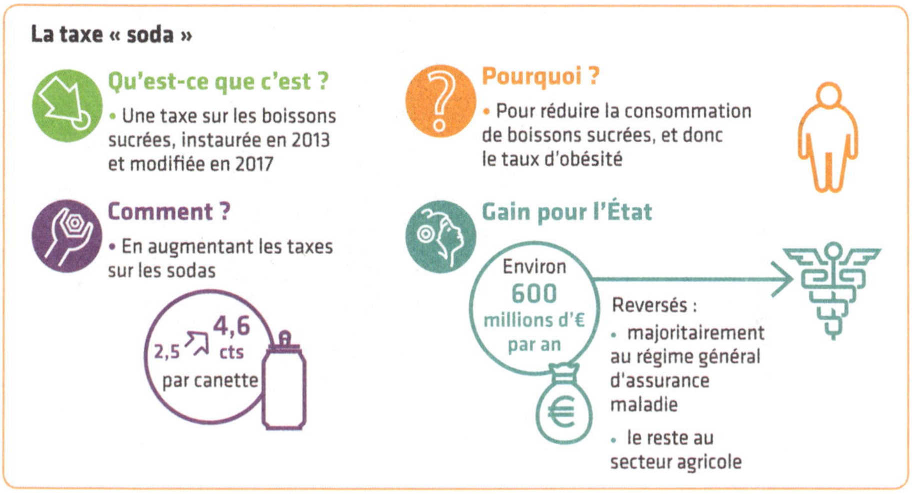

1 Qu'est-ce que la « taxe soda » ? Quels sont ses objectifs ?

....

....

....

....

....

2 Quelle relation pouvez-vous mettre en évidence entre taxe soda et obésité ?

....

....

....

....

....

DOC.2 Les effets d'une taxe sur l'équilibre du marché

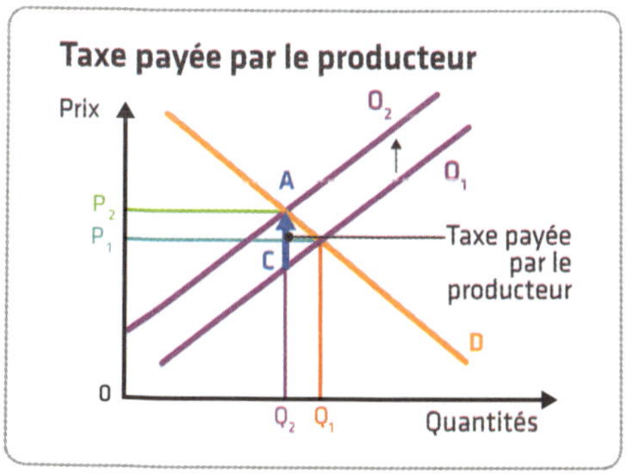

Une taxe payée aux pouvoirs publics par les producteurs déplace la droite d'offre vers la gauche du montant de la taxe (le producteur répercute la taxe dans le prix de vente), soit AC sur le graphique, car les quantités offertes coûtent plus cher. Cela a pour effet d'augmenter le prix de P_1 à P_2 et de réduire les quantités de Q_1 à Q_2. Si la taxe est payée aux pouvoirs publics par le consommateur, la droite de demande se déplace vers la gauche.

© Magnard, 2019.

3 Quel est l'équilibre du marché après l'instauration d'une taxe payée par le producteur ? Que peut-on en conclure ?

....

....

....

....

4 Complétez le tableau suivant en recherchant des exemples.

Taxes payées par le producteur	Taxes payées par le consommateur
....	....
....	....

vidéo

« Pourquoi et comment donner un prix au carbone ? »

Fondation pour la nature et l'homme, 2015

www.lienmini.fr/ses-2-200

DOC.3 Les subventions pour l'achat de vélos électriques

Qu'est-ce qu'une subvention ?
Les subventions sont l'inverse des taxes. Il s'agit d'aides financières en faveur des producteurs ou des consommateurs. Elles sont attribuées pour encourager la consommation d'un bien dont les pouvoirs publics estiment la production insuffisante. Elles peuvent être versées directement aux producteurs ou aux consommateurs et concernent des secteurs variés : agriculture, transports, logement, emploi.

© Magnard, 2019.

Affiche réalisée par Orléans Métropole, en 2018.

5 **Quelle est la subvention accordée ici ?**

....

....

6 **Quel est l'objectif de cette subvention ?**

....

....

7 **Quel effet peut-elle avoir sur la demande ?**

....

....

DOC.4 Les effets d'une subvention sur l'équilibre du marché

Les effets d'une subvention reçue par des producteurs

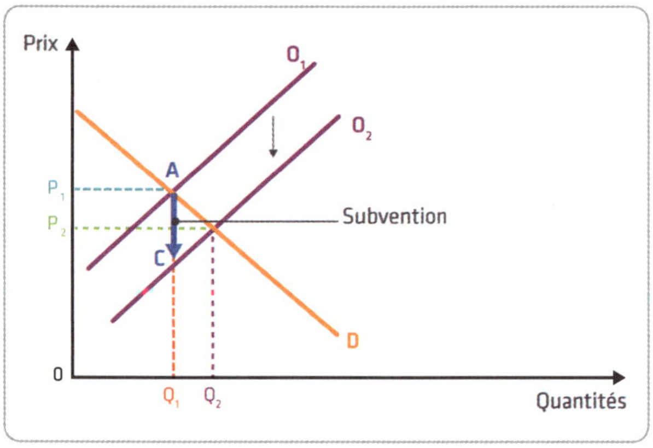

8 **Que représente la droite AC sur le schéma ?**

....

....

9 **Quelles sont les conséquences d'une subvention accordée aux producteurs ?**

....

....

....

....

....

10 **Cherchez des exemples de subventions accordées aux consommateurs.**

....

....

....

....

FAIRE LE POINT

Complétez le texte à l'aide des termes suivants :
diminuent – gauche – prix – néfastes – augmente – réduire.

Une taxe payée par les producteurs .... les coûts de production et déplace la courbe d'offre vers la .... Le .... augmente et les quantités offertes et demandées .... Les taxes peuvent être utilisées pour .... la consommation d'un bien qui a des effets .... sur la santé ou l'environnement.

SES ET CINÉMA

Made in France
La formation de l'offre et de la demande sur des marchés mondialisés

Synopsis

Pendant un an, Benjamin Carle n'a consommé que des biens fabriqués sur le territoire français et a mené une **enquête sur les productions françaises et leur place sur le marché**. Le documentariste a trouvé un écho médiatique et même politique à sa démarche en traitant un sujet qui pose les questions des choix de consommation, de l'emploi en France et du protectionnisme économique.

Il a été confronté à de multiples difficultés durant son expérience : il a dû se passer de biens d'un mode de vie issu de la mondialisation et a également renoncé à de nombreux biens fabriqués dans des pays où les coûts de production sont faibles.

vidéo
Extraits du film
www.lienmini.fr/ses-2-201

Extrait 1 *À la rencontre d'André Piallat, producteur d'ail en Dordogne*

1 Selon vous, comment se forme le prix de la production d'ail d'André Piallat ?

2 André Piallat se retrouve au cœur d'un marché concurrentiel : quelles difficultés cela génère-t-il ?

Extrait 2 *Outsourcia, un centre d'appel marocain offrant des prestations en France*

3 Quels services l'entreprise Outsourcia propose-t-elle ?
- ☐ des opérations de support commercial à distance
- ☐ des opérations de maintenance informatique
- ☐ de la vente de logiciels informatiques

4 Pourquoi leur coût est-il plus faible qu'en France ?

5 Comment les consommateurs sont-ils acteurs de la mise en concurrence des offres ? Quelles peuvent en être les conséquences sociales ?

SYNTHÈSE

Comment se forment les prix sur un marché ?

1 Qu'est-ce qu'un marché ?

▶ Un **marché** est un lieu virtuel ou réel sur lequel se rencontrent les offres et les demandes, permettant ainsi de fixer les quantités échangées à un prix donné. Les marchés sont divers : biens et services, travail, actifs financiers et immobiliers.

▶ Un marché est dit **concurrentiel** lorsqu'aucun des acheteurs ou des vendeurs présents ne peut directement influencer les prix.

2 La formation de la demande et de l'offre

▶ La **demande** est une **fonction décroissante du prix** : lorsque le prix diminue, la quantité demandée augmente et inversement.

▶ La demande d'un produit est **plus ou moins sensible à la variation de son prix**. La droite est proche de l'horizontale si la demande est très sensible au prix et de la verticale dans le cas contraire. La droite de demande peut **se déplacer vers la droite ou vers la gauche** si par exemple le pouvoir d'achat augmente (vers la droite) ou si les goûts se modifient.

▶ L'**offre** est une **fonction croissante du prix** : lorsque le prix augmente, la quantité offerte s'accroît, et inversement.

▶ L'offre dépend des coûts de production et de la marge (différence entre le prix de vente et les coûts de production) que le producteur désire réaliser. L'offre d'un produit peut être **plus ou moins sensible à la variation de son prix**. La courbe d'offre peut **se déplacer** vers la droite lorsqu'un progrès technologique permet de produire moins cher, vers la gauche quand les coûts augmentent.

3 L'équilibre du marché

▶ La rencontre de l'offre et de la demande sur un marché concurrentiel aboutit à l'**équilibre du marché** : formation d'un prix tel que les quantités échangées sont égales aux quantités offertes. La fixation de ce prix d'équilibre se fait par tâtonnement : baisse du prix si la quantité offerte est supérieure à la quantité demandée pour un prix donné, hausse du prix dans le cas contraire.

4 L'impact des taxes et subventions sur l'équilibre du marché

▶ Une **taxe** est une somme versée par les producteurs ou les consommateurs aux administrations publiques. Son objectif est de décourager la production ou la consommation d'un bien ou d'un service. Les quantités produites et consommées diminuent.

▶ Une **subvention** est l'inverse d'une taxe. Elle **réduit les coûts** si elle est versée aux producteurs et leur permet de vendre moins cher. Elle **augmente la demande** si elle est versée aux consommateurs.

NOTIONS

- Marché
- Demande
- Offre
- Équilibre du marché
- Taxe
- Subvention

Voir LEXIQUE p.97-98

SCHÉMA BILAN

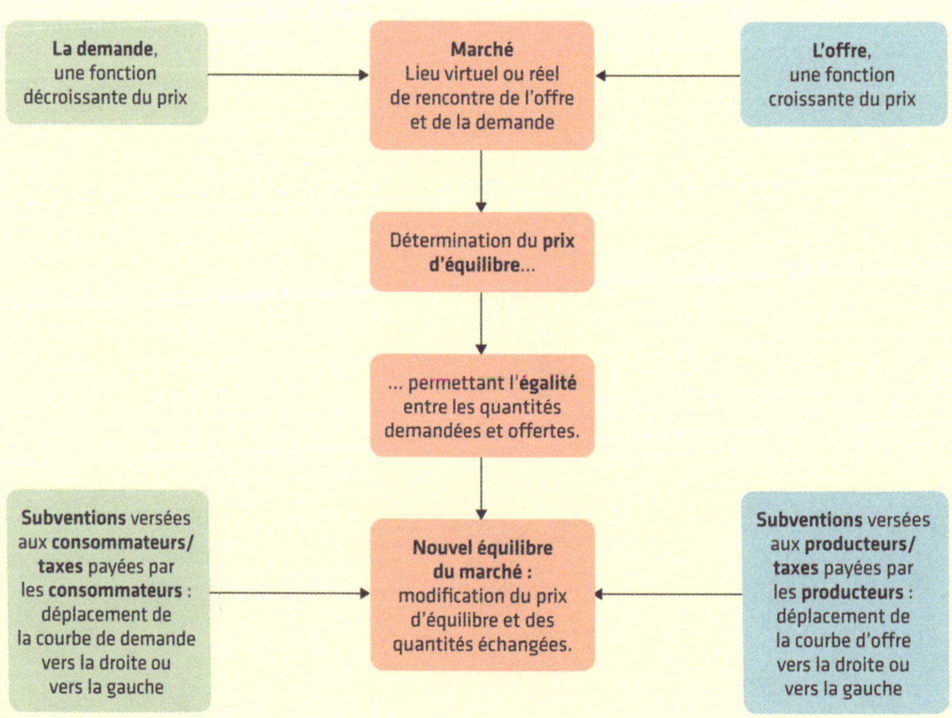

podcast - Ça s'écoute

Comment se fixent les prix sur le marché immobilier ?

Interview de Fabien Garcelon, agent immobilier

Durée : 5 min.

www.lienmini.fr/ses-2-199

Le processus de socialisation

OBJECTIF : Savoir que la socialisation est un processus.

FICHE 18

DOC. 1 Robinson porte la marque de la société dans laquelle il a vécu

Imaginons [...] Robinson [...] sur son île déserte. Robinson, qui a été élevé dans la petite bourgeoisie anglaise, se procure sur son île déserte couteaux et fourchettes, qui lui sont nécessaires au point qu'il les ramène au péril de sa vie d'une épave en train de sombrer ; le premier meuble qu'il se fabrique est une table, qu'il juge indispensable « car sans elle il n'aurait pu écrire ni manger ».
[...] Il règle très précisément ses temps de travail, de sortie et de repos et ses journées sont rythmées par ce calendrier immuable. Bref, dans la solitude de cet homme sans société, tout témoigne d'un rapport au monde, à l'espace et au temps qui lui a été précédemment inculqué, qu'il « apporte » avec lui sur l'île [...]. Le processus qui a ainsi produit Robinson, et ce Robinson-là, tout au long de son enfance et de son adolescence anglaises, on le nomme « socialisation ».

Muriel Darmon, *La Socialisation*, © Armand Colin, 2016.

1 Que ramène Robinson de l'épave après son naufrage ? Que se fabrique-t-il quand il s'installe sur l'île ?

2 Pourquoi se fixe-t-il un emploi du temps très strict ?

DOC. 2 Les étapes du processus de socialisation

Les étapes du processus de socialisation

ÉTAT DE NATURE
universel et inné (ex. : cligner des yeux)
↓
SOCIALISATION
Processus d'apprentissage de règles et comportements et d'intériorisation de

NORMES
Règles sociales explicites ou implicites qui orientent le comportement des individus conformément aux valeurs de la société.
→ Sanctions positives/négatives

VALEURS
Principes moraux ou idéaux sociaux qui permettent de classer les situations ou comportements jugés souhaitables ou acceptables par la collectivité.

↓
ÉTAT DE CULTURE
relatif et appris (ex. : monter à cheval)

Socialisation primaire durant l'enfance et l'adolescence

Instances de socialisation
- Famille
- École
- Groupe de pairs : individus présentant des similitudes (âge, environnement professionnel...)
- Médias

Socialisation secondaire à la fin de l'adolescence et à l'âge adulte

3 Relevez les différentes instances de socialisation.

4 Citez deux exemples de valeurs.

5 Complétez le tableau suivant à l'aide d'exemples.

Apprentissage de règles dans la famille	Apprentissage de règles à l'école

DOC.3 « Fais pas ci, fais pas ça » : la socialisation par inculcation

Fais pas ci, fais pas ça
Viens ici, mets-toi là
Attention, prends pas froid
Ou sinon gare à toi
Mange ta soupe, allez, brosse-toi les dents
Touche pas ça, fais dodo
Dis papa, dis maman
[…]
Mets pas tes doigts dans le nez
Tu suces encore ton pouce
Qu'est-ce que t'as renversé
Ferme les yeux ouvre la bouche
Mange pas tes ongles, vilain
Va te laver les mains.

Chanson de Jacques Dutronc,
© Sony Music Entertainment, 1968.

NOTION

L'**inculcation** est la transmission volontaire et explicite de normes. Elle est accompagnée de sanctions, positives ou négatives.

6 **Pourquoi peut-on parler ici de socialisation par inculcation ?**

....

....

....

....

....

....

....

7 **Quelles sanctions peut-on appliquer en cas de non-respect de ces normes ?**

....

....

....

....

....

....

....

DOC.4 La socialisation par interaction

C'est sans doute George Herbert Mead, […], qui a le premier décrit, la socialisation comme construction d'une identité sociale […] par l'interaction avec les autres. […]
La première étape […] est « la prise en charge » par l'enfant des rôles joués par ses proches […]. Le petit enfant commence à se socialiser, non en imitant passivement sa mère ou son père, mais en recréant, par des gestes organisés, le rôle de sa maman […] ou le rôle de son papa […]. L'enfant, souvent, s'invente un « double » avec qui il joue à prendre des attitudes, à inverser les rôles, à changer ses gestes puis sa voix. […]
Une seconde étape sera franchie lorsque – à partir de l'entrée à l'école – l'enfant passe du jeu libre aux jeux réglementés et doit être capable « de prendre l'attitude de tout individu qui participe à la partie ». […] Lorsque les enfants se réunissent pour « jouer à l'indien », chacun peut interpréter les rôles comme il l'entend et se faire son propre cinéma.

Claude Dubar, *La Socialisation*, © Armand Colin, 2015.

8 **Le jeu occupe-t-il une place importante dans ce type de socialisation ? Pourquoi ?**

....

....

....

....

....

....

9 **Des normes et des valeurs sont-elles incorporées lorsque nous jouons un rôle ?**

....

....

....

....

....

....

....

....

FAIRE LE POINT

Complétez le texte à l'aide des termes suivants :
processus – sanctions – primaire – valeurs – inculcation – rôles – intériorisation.

La socialisation est un .... qui permet, tout au long de la vie d'un individu, l'.................. de normes et de valeurs permettant de jouer les .... que la société attend de lui. On distingue la socialisation .... (par la famille, l'école, les groupes de pairs) de la socialisation secondaire (par le milieu professionnel, la vie conjugale…). L'intériorisation des .... et des normes s'effectue notamment par l'.................., accompagnée de .... positives et négatives.

Le rôle de la famille et de l'école dans la socialisation

OBJECTIF : Connaître les rôles de la famille et de l'école dans le processus de socialisation des enfants.

FICHE 19

DOC.1 La famille transmet des valeurs

Même si elle détient de moins en moins fréquemment le monopole de l'éducation enfantine, la famille ne reste jamais inerte par rapport aux autres cadres socialisateurs potentiels : elle peut être plus ou moins contrôleuse en matière de « fréquentations » et de sorties (contrôlant la composition du groupe des pairs fréquentables et limitant le temps passé hors de tout contrôle familial), exercer un rôle de filtre par rapport aux médias et à diverses instances culturelles extrafamiliales et se charger plus généralement d'un travail, insensible mais permanent, d'interprétation et de jugement sur tous les domaines de la vie sociale. […]

Émile Durkheim avait déjà souligné, dans *De la division du travail social* (1893), le caractère total et enveloppant de l'univers familial dont les membres « mettent en commun la totalité de leur existence », alors que les membres d'une corporation ne partagent que « leurs seules préoccupations professionnelles ». La famille forme « une sorte de société complète dont l'action s'étend aussi bien sur notre activité économique que sur notre activité religieuse, politique, scientifique, etc. »

Bernard Lahire, *Dans les plis singuliers du social*, © La Découverte, 2013.

1 Quels éléments du texte montrent le rôle important de la famille dans la socialisation ?

2 Jusqu'où son rôle peut-il s'étendre, selon Émile Durkheim ?

3 Le rôle de la famille peut-il être remis en cause par les enfants ?

DOC.2 Filiation politique entre les enfants et leurs parents

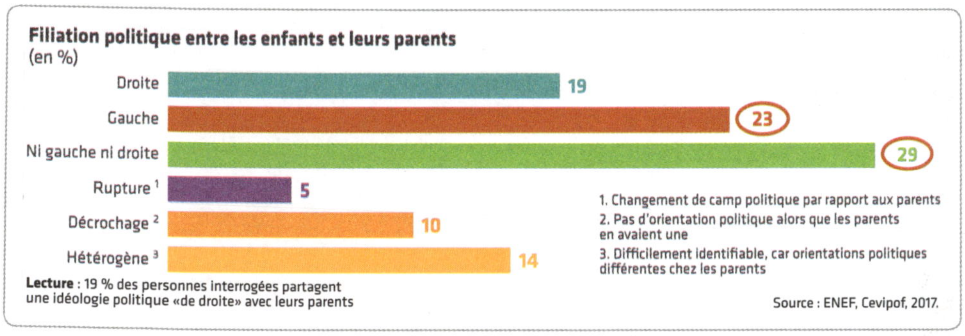

4 Rédigez une phrase avec les données entourées.

23% des personnes interrogés partagent une idéologie politique "de gauche" avec leurs parents tandis que 29% des personnes interrogées à une idéologie politique "ni de gauche ni de droite".

5 Les préférences politiques des parents sont-elles fortement partagées par leurs enfants ? Justifiez votre réponse à l'aide de chiffres.

DOC. 3 L'école ne transmet pas que des savoirs

6 **Les règles présentées ici sont-elles transmises par inculcation ou interaction (p. 46) ?**

7 **Citez d'autres règles transmises à l'école.**

DOC. 4 L'influence des groupes de pairs à l'école

Le début de l'adolescence, avec l'entrée au collège, est caractérisé par une nouvelle « autonomie relationnelle » […]. Dans ce processus, les adolescents disposent de davantage de liberté concernant le choix et la fréquentation de leurs amis, ce qui nécessite de la part de leurs parents de trouver un équilibre entre contrôle (horaires, moments de sorties) et soutien de leurs enfants […].

Dans un contexte où le temps passé avec la famille diminue au bénéfice du temps passé avec les pairs, ces derniers sont amenés à occuper une place de plus en plus centrale dans le développement et la construction identitaire des adolescents. Ils constituent un soutien essentiel, susceptible d'exercer une influence positive dans des domaines variés (comportements prosociaux, activités physiques, sexualité protégée […]), d'être un facteur de protection contre la violence ou de compenser les effets négatifs de contextes familiaux dégradés […].

De nombreux travaux montrent également l'influence des pairs, en particulier sur les consommations de substances psychoactives et plus largement sur les comportements à risque […]. »

Enguerrand Roscoät, Christophe Léon, Emmanuelle Godeau, *Agora débats/jeunesses*, n°4, © Presse de la Fondation nationale des sciences politiques, 2016.

8 **Expliquez la phrase soulignée.**

9 **Donnez des exemples d'activités qui participent à la socialisation du groupe.**

10 **Comment la socialisation au sein du groupe de pairs peut-elle s'opposer à celle de la famille ou de l'école ?**

FAIRE LE POINT

Vrai ou faux ?

	Vrai	Faux
1. Différentes instances de socialisation peuvent entrer en concurrence.	☐	☐
2. La socialisation familiale influence peu la personnalité de l'enfant.	☐	☐
3. Apprendre à lever le doigt est un exemple de socialisation par inculcation.	☐	☐
4. La socialisation scolaire se limite à l'apprentissage des savoirs scolaires.	☐	☐

Le rôle des médias et des groupes de pairs dans la socialisation

OBJECTIF : Connaître le rôle des médias et du groupe de pairs dans le processus de socialisation des enfants.

FICHE 20

DOC.1 Un groupe de musique formé par des étudiants

Photographie prise à Paris.

1 Qu'est-ce qui rassemble ces jeunes ?

2 Pour s'intégrer à un groupe, est-ce important de partager certains centres d'intérêt avec lui ? Lesquels ?

DOC.2 Les séances de shopping, un « rite de passage »

« Les séances de shopping entre copines opèrent presque comme un rite de passage dans nos sociétés qui en manquent. », [note Élodie Gentina, dans son étude « Marketing et génération Z. Nouveaux modes de consommation et stratégies de marque »]. De fait, il faut les observer dans les allées des magasins de *fast-fashion*. On se compare, on se conseille, on se rassure. « Le besoin de validation par le groupe, et ainsi d'intégration, est immense à cet âge-là. ». […] D'après une récente étude américaine, 75 % des Z pensent que le shopping dans un magasin physique est une meilleure expérience que le shopping en ligne. Et pour cause : ce terrain d'expérimentation est d'abord celui de l'autonomisation qu'ils veulent à tout prix conquérir.

Nathalie Dolivo, « Les ados, nouveaux sociologues », © *Elle*, 14 décembre 2018.

3 D'après ce texte, quel rôle les séances de shopping jouent-elles pour les jeunes ?

4 Quel est l'instance de socialisation qui a ici le plus d'influence ?

DOC.3 Les réseaux sociaux, premier moyen d'information des jeunes

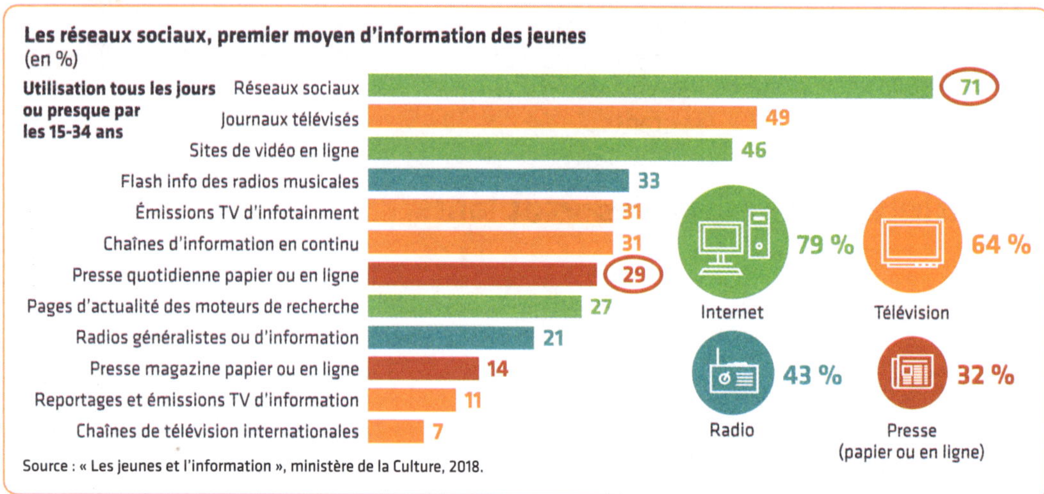

5 Rédigez une phrase avec les données entourées.

6 Quel est le média le plus utilisé par les jeunes ? le moins utilisé ?

7 Le groupe de pairs occupe-t-il une place importante dans les nouveaux médias ? Pourquoi ?

DOC.4 L'influence des séries télévisées

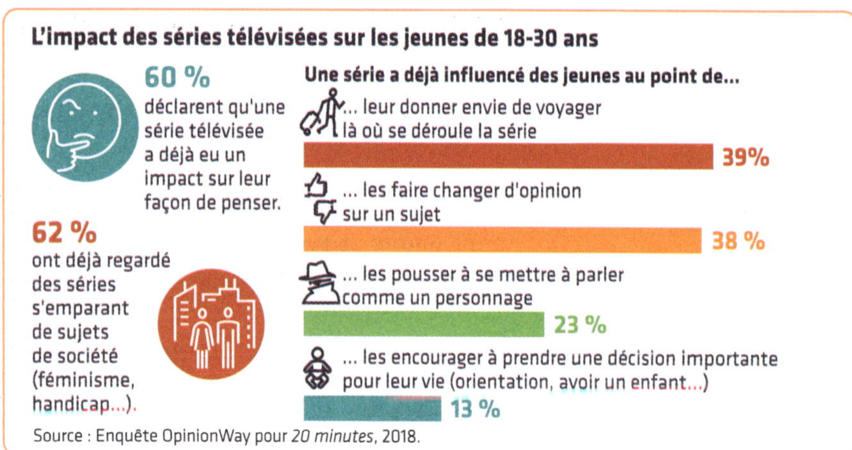

8 Les séries télévisées semblent-elles avoir une influence importante sur la socialisation des jeunes ? Justifiez votre réponse à l'aide de données chiffrées.

vidéo
La socialisation par le jeu vidéo
« Classe inversée »
www.lienmini.fr/ses-2-207

9 Dans quels domaines cette influence s'exerce-t-elle ?

FAIRE LE POINT

Complétez le texte à l'aide des termes suivants :
centres d'intérêt – médias – groupe de pairs – agir – socialisation – penser.

Les ...., qui correspondent aux moyens d'information, influencent nos façons de .... et d'............. Le ...., qui est l'ensemble des personnes présentant des caractéristiques similaires, exerce également une influence sur notre .... Pour s'intégrer à ce groupe, il est nécessaire de partager certains goûts et ....

La socialisation : un processus différencié selon le milieu social

OBJECTIF : Savoir illustrer le caractère différencié des processus de socialisation en fonction du milieu social.

FICHE 21

DOC.1 Pouvons-nous sortir de notre milieu social ?

Annie Ernaux en 1959, avec sa mère.

Issue d'un milieu modeste, Annie Ernaux est aujourd'hui une auteure reconnue. Son œuvre, très autobiographique, aborde souvent le thème de l'ascension sociale.

Annie Ernaux aujourd'hui.

NOTION

Le **déterminisme social** est un concept sociologique qui établit la primauté de la société sur l'individu : les comportements individuels, résultats de la socialisation (normes, valeurs, goûts, attentes), sont déterminés par l'origine sociale.

1 Quelle est l'origine sociale d'Annie Ernaux ?

....

2 Son existence est-elle marquée par le déterminisme social ?

....

DOC.2 La pratique sportive selon la catégorie socioprofessionnelle

Catégorie socioprofessionnelle	Taux de pratique d'une activité sportive au cours des 12 derniers mois
Agriculteurs, artisans et commerçants	35,3 %
Cadres	63,7 %
Professions intermédiaires	57,7 %
Employés	43,8 %
Ouvriers	37,1 %
Chômeurs	43,6 %
Étudiants et apprentis	38,7 %
Autres inactifs	29,6 %
Ensemble	**47,1 %**

Source : Insee, données 2015 ; Observatoire des inégalités, 2018.

3 Rédigez une phrase avec les données soulignées.

....

4 Comment pouvez-vous expliquer ces différences ?

....

DOC.3 L'importance du statut social pour appartenir à une communauté

Wednesday Martin est anthropologue. Elle raconte les rites et les mœurs des mères du très chic quartier de l'Upper East Side, à New York.

Nous avons fini par nous installer sur Park Avenue, au-dessus de la 70e Rue. Depuis mon camp de base, je suis allée à des sessions Mommy & Me, j'ai inscrit mon fils à des cours de musique très sélects, je me suis crêpé le chignon avec des nounous, j'ai pris des cafés avec d'autres mamans, j'ai passé des « auditions » afin de trouver une école pour mon premier fils, puis pour son petit frère.

Ce faisant, j'ai appris que […] les mères de l'Upper East Side étaient une tribu à part. Elles vivaient dans une sorte de société secrète régie par des règles, des rituels, des uniformes et des modèles migratoires qui m'étaient totalement inconnus, et sous-tendue par des croyances, des ambitions et des pratiques culturelles dont jamais je n'aurais soupçonné l'existence.

Devenir maman de l'Upper East Side, jour après jour, interaction après interaction, au fil des virées à l'aire de jeux, ne fut pas une mince affaire et c'est avec appréhension que je me suis lancée dans l'aventure. […]

Mais, […] j'avais envie de me fondre dans le décor, pour mon propre bien, et plus encore, pour celui de mon fils, puis, ensuite, pour celui de son petit frère.

Mes études de littérature et d'anthropologie m'avaient bien inculqué que, sans le sentiment d'appartenance effective à une communauté, nous les grands singes, sommes perdus.

Wednesday Martin, *Les Primates de Park Avenue*, trad. Morgane Saysana, © Globe, L'École des loisirs, 2017.

5 Pourquoi faut-il apprendre à « jouer des rôles » pour devenir maman de l'Upper East Side ? Lesquels ?

....

6 S'installer sur Park Avenue a-t-il un impact sur la socialisation de ses enfants ? Pourquoi ?

....

DOC.4 Conflit de loyauté

À l'évocation du « conflit de loyauté », Angéline, professeure des écoles, se remémore l'un de ses anciens élèves de CE1 d'une école de la banlieue de Rouen.

« Un garçon intelligent, vif, qui n'avait aucune difficulté en maths, ni à l'oral quand je l'interrogeais. Mais en lecture, il bloquait et ne décollait pas. »

La psychologue scolaire, appelée à la rescousse, évoque alors comme hypothèse celle du « conflit de loyauté ». Le père du petit garçon, originaire d'Afrique de l'Ouest, ne sait ni lire, ni écrire... Craint-il inconsciemment de le « dépasser » ?

Marie-Agnès Fontanier, alliée d'ATD Quart Monde, se souvient d'une famille de gens du voyage où la culture de l'oral prime sur celle de l'écrit, valorisée à l'école. Le père, qui ne savait ni lire, ni écrire, jouait très bien de la musique, sans la connaissance du solfège. « Les enfants étaient tiraillés, ce savoir-là n'étant pas considéré comme important à l'école. Devaient-ils suivre l'exemple du papa ? »

« Conflit de loyauté : si je travaille bien à l'école, vais-je trahir mes parents ? », © www.nouvelobs.com, février 2018.

7 Notre ambition scolaire et professionnelle est-elle dépendante de notre milieu social ?

....

FAIRE LE POINT

Rédigez un paragraphe avec les termes suivants : inégalités – origine sociale – déterminisme.

....

La socialisation : un processus différencié selon le genre

OBJECTIF : Savoir illustrer le caractère différencié des processus de socialisation en fonction du genre.

FICHE 22

DOC.1 Lutter contre les stéréotypes

Extraits de *La Déclaration des droits des filles* et de *La Déclaration des droits des garçons*, Élisabeth Brami et Estelle Billon-Spagnol, © Talents hauts, 2014.

1 Quelles activités les filles et les garçons pratiquent-ils sur ces dessins ? S'agit-il des activités habituellement attendues des filles/des garçons ?

Activités pratiquées par les filles	Activités pratiquées par les garçons
....	....
....	....
....	....
....	....
....	....
....	....
....	....

....

....

....

2 Quel est l'objectif de ces deux livres ?

....

....

DOC.2 Les garçons au centre, les filles en périphérie

« C'est pas parce qu'on est des filles qu'on n'a pas le droit ! ». Assise face à la caméra, une petite fille de primaire explique, à l'aide d'un dessin, comment l'espace et les jeux se répartissent dans la cour de récréation de son école. Désemparée, elle gribouille frénétiquement sur son croquis les différentes zones d'exclusion, grands carrés, petits cercles, dans lesquelles les filles sont censées être reléguées : « Si on les rassemble tous, ça fait un gros endroit, mais ils sont pas à côté », dit-elle, trouvant la situation profondément injuste.

[...] Y a-t-il égalité entre les sexes dans le partage de la cour de récréation ?
Une question qui taraude Édith Maruéjouls depuis une dizaine d'années. [...].
« Dans la plupart des cours de récréation que j'ai étudiées, l'espace central est non mixte, car il est occupé de manière systématique par des garçons – toujours les mêmes – qui jouent au football, et les filles, sans s'en rendre compte, vont se mettre sur les espaces qu'on leur laisse », explique-t-elle à LCI.

Virginie Fauroux, « Les garçons au centre, les filles en périphérie », © www.lci.fr, octobre 2018.

podcast
La cour de récréation
La Marche de l'histoire, France Inter
www.lienmini.fr/ses-2-205

3 Quel espace de la cour de récréation est occupé par les garçons ?

....

....

par les filles ?

....

....

4 Comment s'effectue la répartition de l'espace dans la cour de récréation ?

....

....

....

....

....

DOC 3 Filles et garçons : une réussite scolaire inégale

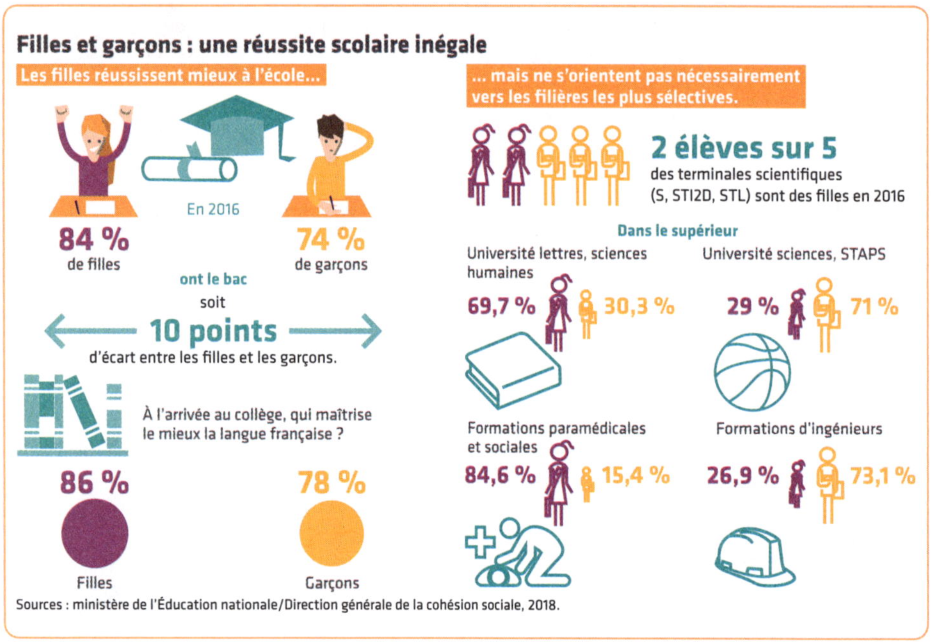

À tous les niveaux de formation, les filles sont, par rapport aux garçons, concentrées dans un nombre beaucoup plus restreint de filières et de spécialités. [...] Ce n'est pas leur niveau académique, mais bien leur confiance en elles qui est en cause.
À l'origine de ce phénomène, se trouvent des stéréotypes sociaux [...]. Ainsi, les filles sont davantage incitées à l'écoute, à l'humilité et, en voyant leur mère gérer les contraintes de la double journée, à l'ordre et à l'organisation. Autant de qualités prisées par l'école, mais qui les poussent aussi à s'autocensurer dans leurs ambitions.

D'après Naïri Nahapétian, « À l'école des stéréotypes », © *Les dossiers d'Alternatives économiques* n° 15, septembre 2018.

NOTION

Les **inégalités** sont des différences entre individus ou groupes sociaux qui se traduisent en termes d'avantages ou de désavantages et fondent une hiérarchie entre ces individus ou groupes.

5 Quel est l'écart filles-garçons concernant la maîtrise de la langue française à l'entrée au collège ?

....

....

....

6 Complétez le tableau suivant.

Filières ayant le % le plus élevé de filles	Filières ayant le % le plus élevé de garçons
1.	1. ....
2.	2. ....

7 D'après ce document, pourquoi les filles ne sont-elles pas majoritaires dans les spécialités scientifiques ?

....

....

....

....

....

....

....

....

....

....

8 Pourquoi les stéréotypes filles-garçons entraînent-ils des inégalités entre les femmes et les hommes ?

....

....

....

....

....

....

....

FAIRE LE POINT

Justifiez la citation suivante :

« On ne naît pas femme : on le devient. » Simone de Beauvoir, *Le Deuxième sexe*, 1949.

....

....

....

....

SES ET CINÉMA

Prod DB © Films du Carrosse / DR
L'ENFANT SAUVAGE de Francois Truffaut 1969
jaquette du DVD français

L'Enfant sauvage
Peut-on grandir tout seul ?

Synopsis

L'Enfant sauvage est une fiction adaptée d'une histoire vraie. En 1798, un jeune garçon est retrouvé dans les forêts de l'Aveyron. Cet « enfant sauvage », sourd et marchant à quatre pattes, a vécu plusieurs années à l'écart de la société. D'abord sujet de curiosité dans l'institut de sourds où il a été emmené, il est confié au docteur Itard, qui va tenter de l'éduquer, avec sa gouvernante Mme Guérin. Ce jeune médecin, contre l'avis de l'institution, va **donner une chance à l'enfant de se socialiser**.

François Truffaut (1932-1984) est l'un des réalisateurs de référence du cinéma français. Il a consacré plusieurs de ses films à l'enfance et à l'adolescence. Le réalisateur, également scénariste, s'implique personnellement dans son film en décidant de jouer le docteur Itard.

vidéo
Extraits du film
1. 00:04:42 à 05:24
2. 00:29:29 à 00:30:51
3. 00:41:19 à 00:42:41

Extrait 1 *La traque de Victor dans la forêt*

1 Comment François Truffaut représente-t-il le jeune Victor ? (voir LEXIQUE CINÉMA p.98)

....

Extrait 2 *L'apprentissage du souper*

2 Quelles normes le docteur Itard et Mme Guérin veulent-ils transmettre à Victor ?

....

Extrait 3 *L'enfant sauvage devient Victor*

3 Pourquoi le docteur Itard compare-t-il Victor à un petit enfant ?

....

4 Pourquoi nommer l'enfant sauvage participe-t-il à sa socialisation ?

....

5 Quelle est la dimension symbolique de cette fenêtre et du pigeonnier ?

....

SYNTHÈSE

Comment devenons-nous des acteurs sociaux ?

1 Le processus de socialisation

▶ La **socialisation** est un **processus continu** par lequel les **instances de socialisation** (famille, école, groupes de pairs, entreprises, médias, religions) transmettent des **normes** et des **valeurs**.

▶ Elle se fait par la **socialisation primaire** qui va de l'enfance à l'adolescence et la **socialisation secondaire** à l'âge adulte. La socialisation dure tout au long de la vie et évolue : les normes et valeurs inculquées à l'individu pendant son enfance peuvent évoluer dans sa vie d'adulte.

2 Les rôles de la famille et de l'école dans la socialisation

▶ La famille, principale instance de socialisation, a un rôle central dans la construction des individus par l'**apprentissage des règles et des comportements**. Elle est un acteur majeur, y compris dans les **relations avec les autres instances** de socialisation (école, groupes de pairs, etc.). Elle influence la formation des goûts et, plus tard, de façon implicite voire invisible, le choix du conjoint correspondant aux mêmes caractéristiques sociales (homogamie).

▶ Au-delà de la transmission de connaissances scolaires, l'école socialise l'enfant en lui inculquant **des normes et des valeurs**. L'école est également le lieu où s'exerce une importante **socialisation par les pairs**, qui est différente selon le genre et le milieu social de l'individu.

3 Le rôle des médias et des groupes de pairs dans la socialisation

▶ Nos manières d'agir, de penser et d'être sont influencées par les **médias**, notamment les nouveaux médias (Internet) et leurs supports comme les smartphones, vis-à-vis desquels un risque d'addiction existe.

▶ Les **groupes de pairs** exercent également une forte influence sur les **comportements** des enfants et des jeunes et participent donc à la **construction de la personnalité** de l'individu.

4 La socialisation : un processus différencié selon le milieu social et le genre

▶ La socialisation s'effectue différemment **selon les milieux sociaux**. Les différences culturelles qui en résultent ont un impact dans des domaines importants de la vie d'un individu comme, par exemple, la réussite scolaire ou la pratique sportive.

▶ La socialisation se fait de façon différenciée **selon le genre** et produit des inégalités sociales et scolaires du fait de **stéréotypes** dans l'apprentissage des **rôles** : les filles sont mises à l'écart, voire dévalorisées, dans la relation garçon-fille et dans les apprentissages à l'école. Cette socialisation différenciée, à l'origine des inégalités dans l'orientation scolaire, n'empêche pas les filles de mieux réussir que les garçons au baccalauréat, mais elle génère des **inégalités dans de nombreux domaines** de la vie sociale (choix d'orientation, niveau de revenu, position occupée dans la hiérarchie professionnelle…).

NOTIONS

Socialisation
Normes
Valeurs
Rôle

Voir LEXIQUE p.97-98

SCHÉMA BILAN

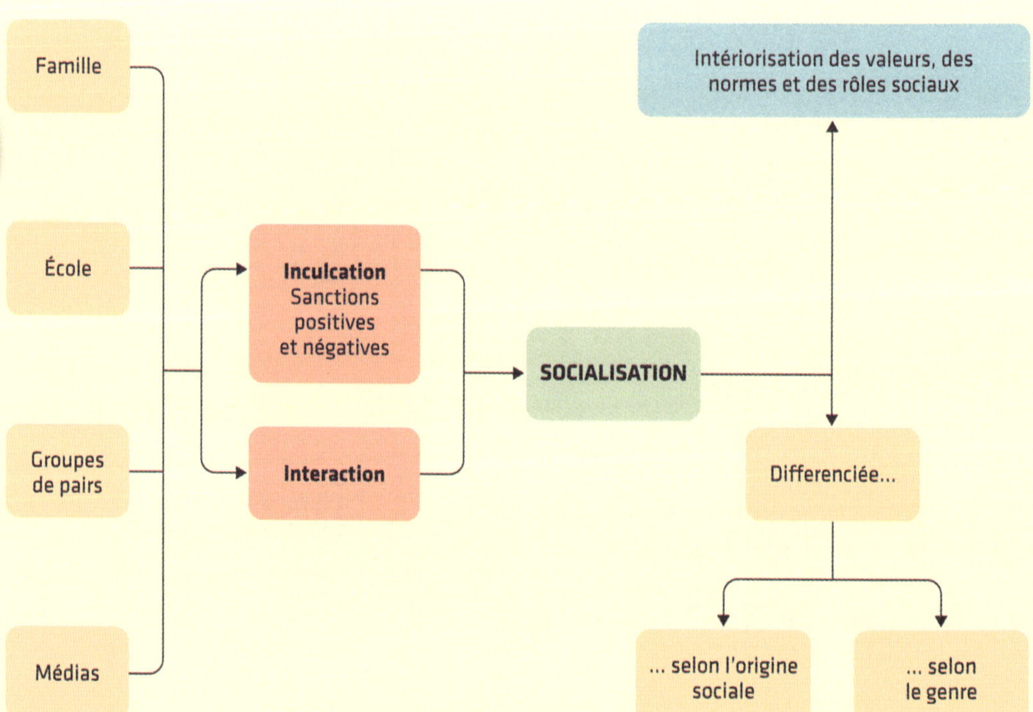

podcast - Ça s'écoute

Tels parents, tels enfants ?

Interview de Julie Pagis et Wilfried Lignier, sociologues

Durée : 5 min.

www.lienmini.fr/ses-2-204

Les spécificités du pouvoir politique

OBJECTIF : Distinguer les trois spécificités du pouvoir politique.

FICHE 23

DOC. 1 Qu'est-ce qu'une relation de pouvoir ?

« A exerce un pouvoir sur B dans la mesure où il obtient de B une action que ce dernier n'aurait pas effectuée autrement. »

Définition de la relation de pouvoir par le politiste américain Robert Dahl, en 1963.

Frank Margerin, *Lucien Père et fils*, L'intégrale, volume 3, © Fluide glacial, 2018.

1 **Pourquoi ces vignettes illustrent-elles la définition donnée par Robert Dahl d'une relation de pouvoir ?**

....

....

....

....

....

2 **Cherchez deux exemples de relations de pouvoir au sein de la famille et de l'école.**

....

....

....

....

....

DOC. 2 Distinguer le pouvoir politique des autres formes de pouvoir

La politique peut être définie comme ce qui se rapporte à l'activité du gouvernement de la société, entendue comme la capacité qu'ont certains individus ou certains groupes à [...] imposer des décisions qui concernent l'ensemble de la société, à arbitrer les affrontements entre des groupes ou des secteurs de la société et à édicter des règlements s'appliquant à tous. La [caractéristique essentielle] du pouvoir politique est donc qu'il s'exerce sur l'ensemble de la société. Ce sont également ceux qui représentent ou incarnent le pouvoir, qui ont vocation à définir les prérogatives[1] et les limites de tous les autres pouvoirs s'exerçant dans la société, y compris dans la sphère privée, en définissant de manière plus ou moins précise les limites de l'autorité parentale, pour ne prendre qu'un exemple.

Jean-Yves Dormagen, Daniel Mouchard, *Introduction à la sociologie politique*, © De Boeck supérieur, 2015.

1. Avantages, droits.

3 **Surlignez dans le texte la phrase présentant la spécificité principale du pouvoir politique.**

4 **Parmi les propositions suivantes, cochez celle(s) qui relève(nt) du pouvoir politique.**

- ☐ L'Assemblée nationale vote une loi interdisant de fumer dans les lieux publics.
- ☐ Le professeur de SES décide d'appliquer de nouvelles règles de vie de classe.
- ☐ Vos parents vous interdisent de sortir samedi soir.

DOC. 3 Les trois types de domination légitime

Selon Max Weber, sociologue allemand (1864-1920), la domination suppose que la relation de pouvoir soit reconnue comme légitime, c'est-à-dire acceptée par ceux qui la subissent. Pour lui, il existe trois types de domination légitime.

La domination traditionnelle liée à la croyance en la valeur de la tradition

Portrait de Louis XIV en costume de sacre par Hyacinthe Rigaud, 1701.

La domination charismatique liée à la croyance dans les qualités exceptionnelles d'un individu

Bonaparte au pont d'Arcole par Antoine-Jean Gros, 1796.

La domination légale-rationnelle liée à la croyance en la légitimité des règles et des fonctions

Portraits officiels de 2 présidents de la Vᵉ République : Nicolas Sarkozy, par Philippe Warrin et François Hollande, par Raymond Depardon.

5 Selon vous, quelles qualités exceptionnelles Bonaparte avait-il aux yeux de ses soldats ?

6 Sur quelle tradition la légitimité de Louis XIV s'appuyait-elle ?

7 Qu'est-ce qui explique la légitimité des présidents de la Vᵉ République ?

DOC. 4 Le pouvoir politique et le « monopole de la violence physique légitime »

Face-à-face entre CRS et manifestants à Paris, le 31 mars 2016.

Pour Max Weber, le pouvoir politique peut user de la contrainte. Il est le seul à détenir « le monopole de la contrainte physique légitime », car celle-ci est encadrée par la loi, pour maintenir l'ordre et la cohésion sociale.

8 Qui sont les personnes visibles sur cette photographie ?

9 Lesquelles disposent du « monopole de la violence physique légitime » ?

10 Pourquoi cette violence physique est-elle légitime ?

FAIRE LE POINT

Vrai ou faux ?

1. Le pouvoir politique ne se distingue pas des autres pouvoirs. Vrai ☐ Faux ☐
2. La légitimité du président de la République s'appuie sur la tradition. Vrai ☐ Faux ☐
3. Le pouvoir politique s'appuie à la fois sur la légitimité et la contrainte. Vrai ☐ Faux ☐
4. Toute contrainte physique est légitime. Vrai ☐ Faux ☐

Le pouvoir exécutif sous la Vᵉ République

OBJECTIF : Connaître les principales institutions politiques.

FICHE 24

DOC. 1 Les lieux du pouvoir exécutif

Le palais de l'Élysée, résidence officielle du président de la République.

L'hôtel de Matignon, résidence officielle du Premier ministre.

1 Quelles sont les deux têtes de l'exécutif en France ?

....

....

2 Qui est le premier personnage de l'État ?

....

....

....

DOC. 2 Un pouvoir exécutif à deux têtes

Un pouvoir exécutif bicéphale
(à deux têtes)

Le chef de l'État
(président de la République)
Élection
au **suffrage universel direct**
(inscrit dans la Constitution depuis 1962)
- par tous les électeurs français majeurs
- pour 5 ans (mandat renouvelable une fois)

Légitimité forte, car élu par la nation.

nomme →
- le Premier ministre, issu de la majorité à l'Assemblée nationale
- les ministres et secrétaires d'État, sur proposition du Premier ministre

Le gouvernement
un organe collectif et solidaire
- **Premier ministre**
- **ministres et secrétaires d'État** placés sous l'autorité du Premier ministre.

NOTION

La **Constitution** est un ensemble de textes juridiques qui définissent les différentes institutions composant l'État et leurs fonctions, et qui organisent leurs relations.

3 Comment le président de la République est-il désigné depuis 1962 ?

....

....

....

4 Qu'est-ce que le suffrage universel direct ?

....

....

....

....

5 Le président de la République nomme-t-il les membres du gouvernement comme il l'entend ?

....

....

....

DOC. 3 Les pouvoirs du président de la République et du gouvernement

A. Les pouvoirs du président

POUVOIRS GÉNÉRAUX

- Veille au **respect de la Constitution** et au fonctionnement régulier des pouvoirs publics
- Peut saisir le Conseil constitutionnel [1]
- Peut soumettre à référendum certains projets de loi
- Est le **chef des armées**
- Ne peut être destitué
- Est l'interlocuteur des dirigeants des autres pays

Pouvoirs partagés :

- Accrédite les ambassadeurs
- Négocie et ratifie les traités, mais la politique étrangère et la politique de défense sont menées par les ministres compétents

1. Lorsqu'il souhaite vérifier, avant de la promulguer, qu'une loi votée par le Parlement est conforme à la Constitution.

SUR LE GOUVERNEMENT

- Nomme le **Premier ministre** et met fin à ses fonctions en cas de démission du gouvernement
- Nomme les hauts fonctionnaires
- Préside le **Conseil des ministres**

SUR LE POUVOIR JUDICIAIRE

- Garant de l'indépendance de la justice
- **Droit de grâce** sur les détenus

SUR LE PARLEMENT

- **Promulgue les lois** votées par le Parlement
- **Peut dissoudre** l'Assemblée nationale

POUVOIRS EXCEPTIONNELS

- Peut décider d'exercer seul tous les pouvoirs en cas de menace sur l'indépendance nationale ou les institutions

B. Les pouvoirs du gouvernement

Le gouvernement...	Les ministres...	Le Premier ministre...
• détermine et conduit la politique de la nation. • est responsable devant l'Assemblée nationale (elle peut le renverser).	• assurent la direction d'un département ministériel. • impulsent et mettent en œuvre la politique du gouvernement.	• est le chef du gouvernement. • est chargé de l'exécution des lois. • fixe les grandes orientations politiques. • assure la coordination de l'action gouvernementale.

6 Donnez trois exemples de pouvoirs propres au chef de l'État.

....

....

....

....

....

7 Qui conduit la politique de la nation ?

....

....

....

....

8 Pourquoi la diplomatie et la défense nationale sont-elles des pouvoirs partagés ?

....

....

....

....

9 Qui conduit la politique de la nation si l'Assemblée nationale est du même camp politique que le président de la République ?

....

....

....

....

FAIRE LE POINT

Complétez le texte à l'aide des termes suivants :
étendus – président – majorité – renverser – politique – camp – Premier ministre.

Le .... de la République dispose de pouvoirs .... Il nomme le ...., issu de la .... à l'Assemblée nationale. Si celle-ci est du même camp politique que le président de la République, il nomme un Premier ministre de son .... Le gouvernement conduit la .... de la nation. Il est responsable devant l'Assemblée nationale, qui peut le ....

Les pouvoirs législatif et judiciaire sous la Ve République

OBJECTIF : Connaître les principales institutions politiques.

FICHE 25

DOC.1 Qu'est-ce que le pouvoir législatif ?

Une députée s'exprime devant l'Assemblée

La députée Yaël Braun-Pivet lors du débat sur le projet de loi sur la réforme de la justice, le 19 novembre 2018, à l'Assemblée nationale.

vidéo

Le profil socioprofessionnel des députés

« Classe inversée »

www.lienmini.fr/ses-2-213

1 **Pourquoi cette députée intervient-elle à l'Assemblée nationale ?**

....

....

DOC.2 Un pouvoir législatif partagé

	Le Parlement est composé des deux Chambres. On parle de bicaméralisme.	
	 L'Assemblée nationale	 Le Sénat
Nombre d'élus	577 députés	348 sénateurs
Mode d'élection	Suffrage universel direct	Suffrage universel indirect, élection par un collège de grands électeurs (députés et élus locaux)
Durée du mandat	5 ans	6 ans
Légitimité	Les députés représentent l'ensemble du peuple français.	Les sénateurs représentent les collectivités territoriales.
Fonctions	Voter les lois, contrôler l'action du gouvernement, déclarer la guerre.	
Spécificités	Pouvoirs plus étendus que ceux du Sénat : • en cas de divergence avec le Sénat, l'Assemblée nationale a le dernier mot ; • elle peut mettre en cause la responsabilité du gouvernement par le vote d'une motion de censure ou en refusant de voter la question de confiance.	• Ne peut être dissout. • Pas de motion de censure possible. • Le président du Sénat exerce provisoirement les fonctions du président de la République en cas d'empêchement, de démission ou de décès.

2 **Pourquoi le pouvoir législatif est-il dit « bicaméral » en France ?**

....

....

....

....

....

3 **Qui l'Assemblée nationale représente-t-elle ? et le Sénat ?**

....

....

....

....

4 **Comment l'Assemblée nationale peut-elle mettre en cause la responsabilité politique du gouvernement ?**

....

....

....

....

....

....

....

....

....

NOTION

Si une majorité de voix (soit 289) vote une **motion de censure** ou refuse de voter la confiance au gouvernement, il est destitué.

vidéo

Comment les élections sénatoriales fonctionnent-elles ?

www.lemonde.fr, 2017.

www.lienmini.fr/ses-2-210

DOC.3 Comment la justice est-elle organisée en France ?

	1er degré – Affaires civiles	1er degré – Affaires pénales	2e degré	Cassation
• Les **juridictions judiciaires civiles** tranchent les litiges entre les particuliers, entre ceux-ci et les entreprises, ou entre les entreprises. • Les **juridictions judiciaires pénales** jugent les auteurs des infractions et leur appliquent les peines prévues par la loi selon qu'il s'agit d'un crime, d'un délit, ou d'une contravention.	• **Tribunal d'instance** (litiges < 10 000 €) • **Tribunal de grande instance** → Toutes les affaires qui ne relèvent pas d'une autre juridiction • **Juridictions spécialisées** (tribunal de commerce, conseil des prud'hommes)	• **Tribunal de police** contraventions) → Excès de vitesse, violences légères... • **Tribunal correctionnel** (délit) → Vol, conduites sans permis, harcèlement...) • **Cour d'assises** (crime) → Meurtre, viol...	•• **Cour d'appel** Elle est saisie par la ou les parties qui ne sont pas satisfaites du jugement rendu, elle rejuge l'affaire sur les points contestés. •• **Autre cour d'assises**	•• **Cour de cassation** Elle vérifie la régularité formelle de la décision rendue. Elle contrôle l'application exacte de la règle de droit.
• Les **juridictions administratives** gèrent les litiges mettant en cause l'État, une collectivité territoriale (commune, département) ouun établissement public.	• **Tribunal administratif**		• **Cour administrative d'appel**	• **Conseil d'État**

Les juridictions veillent à l'application des règles de droit (Code civil, Code pénal, Code du Travail, décrets et arrêtés...). La justice est rendue « au nom du peuple français ».

Une cour d'assises
Les cours d'assises jugent les infractions les plus graves (crimes). Elles sont composées de magistrats professionnels et de jurés populaires, tirés au sort.

Croquis d'audience réalisé par Aurel, à Marseille, en 2003.

5 Quel est le rôle des différentes juridictions ?

....

....

6 Selon quels critères une affaire est-elle jugée par l'une ou l'autre de ces juridictions ?

....

....

....

....

....

....

....

....

....

7 Classez les affaires suivantes dans le tableau.
un assassinat – la fixation d'une pension alimentaire – un licenciement par une entreprise privée – une réclamation d'un fonctionnaire – un malade victime d'une erreur chirurgicale dans un hôpital public.

Juridictions judiciaires civiles	Juridictions judiciaires pénales	Juridictions administratives
....	....	....
....	....	....
....	....	....
....	....	....
....	....	....

FAIRE LE POINT

Complétez le schéma à l'aide des termes suivants :
vote – citoyens – Sénat – grands électeurs – bicaméral – Assemblée.

.... → élisent → .... nationale → Parlement .... → .... des lois

.... → élisent → .... → Parlement

La séparation des pouvoirs

OBJECTIF : Comprendre le principe de la séparation des pouvoirs en France.

FICHE 26

DOC.1 La séparation des pouvoirs, fondement d'un régime démocratique

Dessin d'Émilie Coquard, ptitlibe.liberation.fr, 2017.

Le despote gouverne de manière arbitraire et violente selon ses désirs, contrairement aux autres régimes gouvernés par des lois. Il en résulte pour Montesquieu [écrivain et philosophe français (1689-1755)] une distinction fondamentale entre les régimes modérés, au sein desquels « pour qu'on ne puisse abuser du pouvoir, il faut que par la disposition des choses le pouvoir arrête le pouvoir », et les régimes sans limites au pouvoir (en fait le despotisme).

Xavier Crettiez, Jacques de Maillard, Patrick Hassenteufel, *Introduction à la science politique*, © Armand Colin, 2018.

1 Pourquoi les pouvoirs doivent-ils être séparés en démocratie ?

....

....

....

....

....

2 Dans un régime de séparation des pouvoirs, un ministre peut-il être député ? Pourquoi ?

....

....

....

....

....

DOC.2 Une nécessaire collaboration entre les pouvoirs

Thomas Legrand, François Warzala, *L'Histoire de la Vᵉ République*, © Les Arènes BD, 2018.

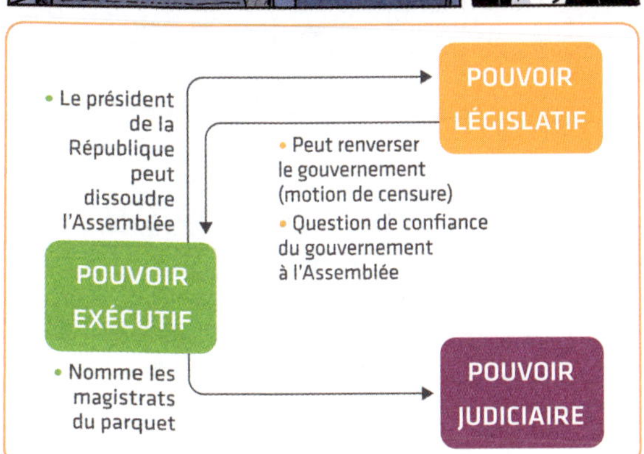

3 La séparation des pouvoirs est-elle stricte en France ? Justifiez votre réponse.

....

....

....

....

....

....

....

....

....

4 Comment peut-on expliquer les décisions du général de Gaulle le 5 octobre 1962, lorsque le Premier ministre lui présente sa démission et celle de son gouvernement ?

....

....

....

....

....

....

....

DOC. 3 Les limites du pouvoir législatif sous la Ve République

Le 17 février 2015, le Premier ministre Manuel Valls déclenche le « 49-3 » à l'Assemblée nationale pour faire adopter la loi Macron (loi sur la croissance, l'activité et l'égalité des chances économiques).

L'article 49-3 de la Constitution a été utilisé de très nombreuses fois depuis 1958. Il permet au Premier ministre d'engager sa responsabilité sur un texte de loi. Lorsqu'il n'y a pas de majorité en faveur d'un projet de loi, le 49-3 peut faire adopter un texte sans vote. Le projet de loi est considéré comme adopté, sauf si une motion de censure, déposée dans les 24 heures, est votée par l'Assemblée.
Le gouvernement peut également avoir recours :
– aux ordonnances. Il demande alors l'autorisation de prendre des mesures relevant normalement du législatif ;
– au référendum (article 11 de la Constitution).
Les projets de loi d'origine gouvernementale sont par ailleurs prioritaires. Enfin, le gouvernement maîtrise l'ordre du jour du Parlement et peut limiter les amendements et la durée des débats.

D'après Xavier Crettiez, Jacques de Maillard, Patrick Hassenteufel, *Introduction à la science politique*, © Armand Colin, 2018.

5 Dans quels cas le pouvoir exécutif peut-il se substituer au pouvoir législatif ?

6 Par quels moyens le pouvoir exécutif contrôle-t-il le processus législatif ?

7 Quel recours détient cependant toujours le pouvoir législatif ?

DOC. 4 Quelle indépendance pour la justice ?

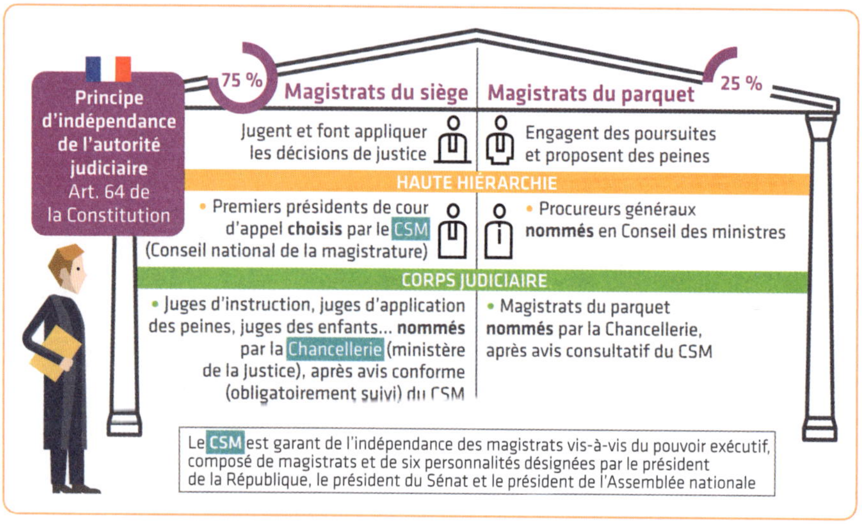

8 Pourquoi, dans un régime démocratique, la justice doit-elle être indépendante ?

9 Observez le schéma : le pouvoir judiciaire est-il totalement indépendant du pouvoir exécutif ?

FAIRE LE POINT

Vrai ou faux ?

1. La séparation des pouvoirs caractérise un régime politique démocratique. Vrai ☐ Faux ☐
2. La séparation des pouvoirs est stricte en France. Vrai ☐ Faux ☐
3. Le pouvoir exécutif n'interfère jamais dans le processus législatif. Vrai ☐ Faux ☐
4. L'indépendance de la justice n'est pas totale. Vrai ☐ Faux ☐

Les effets des modes de scrutin sur la représentation et la vie politiques

OBJECTIF : Montrer les effets des modes de scrutin sur la vie politique.

FICHE 27

DOC.1 La composition de l'Assemblée nationale en 2017

L'Assemblée nationale élue au scrutin majoritaire à deux tours

Source : ministère de l'Intérieur, 2017.

Dans le cas d'un scrutin majoritaire, c'est le candidat qui obtient le plus de voix qui est élu. Pour être élu au premier tour, il faut obtenir la majorité absolue.

L'Assemblée nationale si elle avait été élue au scrutin proportionnel intégral

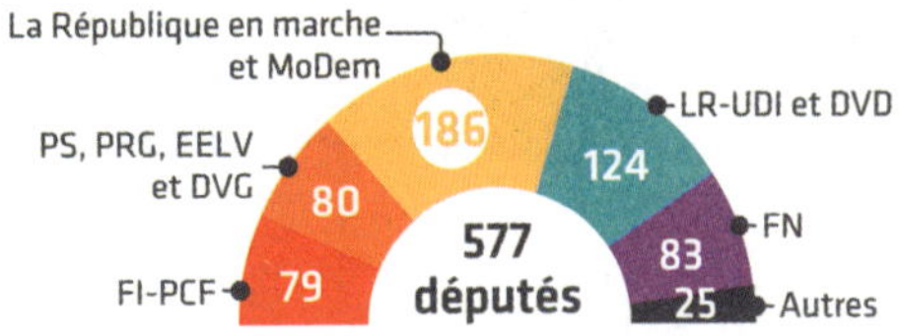

Source : ministère de l'Intérieur, Kantar Sofres One Point, *Le Figaro*, 2017.

Dans le cas d'un scrutin proportionnel intégral, chaque liste reçoit un nombre de sièges à l'Assemblée proportionnel au nombre de voix obtenues.

1 Comment les sièges sont-ils attribués dans chacun des scrutins ?

2 Quel pourcentage des sièges La République en marche et le MoDem obtiennent-ils au scrutin majoritaire ?

3 Quel pourcentage des sièges auraient-ils obtenus dans un scrutin proportionnel ?
SAVOIR-FAIRE 1 p.85

DOC.2 Les différents types de scrutin

	Scrutin majoritaire				Scrutin proportionnel
Type de scrutin	Scrutin uninominal à 1 tour	Scrutin uninominal à 2 tours	Scrutin binominal à 2 tours	Scrutin de liste ou plurinominal à 2 tours	Scrutin de liste ou plurinominal à 1 tour
Nombre de sièges à pourvoir	1 siège : les citoyens votent pour élire un candidat.		2 sièges : les citoyens votent pour un binôme homme-femme.	Plusieurs : les citoyens votent pour une liste de candidats.	
Exemples	Élections législatives en Grande-Bretagne	Présidentielles, législatives	Départementales (depuis 2013)	Municipales (communes de moins de 1 000 habitants)	Européennes

4 Quelle est la seule élection au scrutin proportionnel en France ?

5 Quelle différence y a-t-il entre un scrutin uninominal et un scrutin plurinominal ?

6 Pourquoi le scrutin proportionnel est-il nécessairement plurinominal ?

DOC.3 Avantages et inconvénients des différents modes de scrutin

Le scrutin proportionnel, source d'instabilité : l'exemple de la IVe République (27 octobre 1946-4 octobre 1958)

Sous la IVe République, le scrutin proportionnel ne permet pas de dégager de majorités stables.
L'Assemblée nationale peut facilement renverser le gouvernement (24 gouvernements différents de 1946 à 1958).

Présidents du Conseil (fonction équivalente à celle de Premier ministre sous la Ve République)

Robert Schuman
MRP (Mouvement républicain populaire)

24/11/1947 au 19/07/1948 — 8 mois
05/09/1948 au 07/09/1948 — 2 jours

René Pleven
UDRS (Union démocratique et socialiste de la résistance)

12/09/1950 au 28/02/1951 — 7 mois et demi
10/08/1951 au 07/01/1952 — 5 mois

Edgar Faure
RAD (Parti radical et divers radicaux)

20/01/1952 au 29/02/1952 — 1 mois
23/02/1955 au 23/01/1956 — 11 mois

Pierre Pflimlin
MRP (Mouvement républicain populaire)

13/05/1958 au 28/05/1958 — 16 jours

1947 | 1948 | 1949 | 1950 | 1951 | 1952 | 1953 | 1954 | 1955 | 1956 | 1957 | 1958 | 1959

Le scrutin proportionnel...

- (+) offre une représentation fidèle de la diversité des opinions.
- (+) favorise le multipartisme et une offre politique riche.
- (−) fragmente la représentation parlementaire.

Le scrutin majoritaire

à 1 tour...	à 2 tours...
(+) favorise les alternances... (−) ... mais seulement entre deux partis (vote « utile »).	(+) incite à voter selon ses préférences au 1er tour. (−) favorise la bipolarisation droite/gauche.

- (−) représente mal la diversité des opinions.
- (+) permet de dégager des majorités stables susceptibles de former un gouvernement.

7 Pourquoi le scrutin proportionnel provoque-t-il une instabilité gouvernementale ? Illustrez à l'aide d'un exemple.

....

8 Pourquoi le scrutin majoritaire favorise-t-il la bipolarisation droite/gauche de la vie politique, voire le bipartisme ?

....

9 Complétez le tableau suivant.

	Avantages	Inconvénients
Scrutin proportionnel	....	....
Scrutin majoritaire	....	....

FAIRE LE POINT

Associez chaque notion à sa définition.

Scrutin majoritaire •
Scrutin proportionnel •

- Il assure une représentation des citoyens plus conforme au corps électoral.
- Il ne permet pas de dégager de majorités stables.
- Il favorise la bipolarisation droite/gauche.

La contribution des partis politiques à la vie politique

OBJECTIF : Comprendre le rôle des partis politiques dans la vie politique.

FICHE 28

DOC.1 Droits et devoirs des partis politiques

Les partis et groupements politiques concourent à l'expression du suffrage. Ils se forment et exercent leur activité librement. Ils doivent respecter les principes de la souveraineté nationale et de la démocratie. […]
La loi garantit les expressions pluralistes des opinions et la participation équitable des partis et groupements politiques à la vie démocratique de la nation.

Article 4 de la Constitution du 4 octobre 1958.

1 Pourquoi peut-on parler de pluripartisme en France ?

DOC.2 Les principales propositions des candidats à l'élection présidentielle de 2017

Partis	La France insoumise	Le Parti socialiste	En Marche	Les Républicains	Le Front national
L'impôt de solidarité sur la fortune	Le renforcer	Le maintenir et le réformer	Le remplacer par un impôt sur la fortune immobilière	Le supprimer	Le maintenir
L'âge de la retraite	Le rétablir à 60 ans	Le maintenir à 62 ans	Le maintenir à 62 ans	Le repousser à 65 ans	Le rétablir à 60 ans
Les dépenses publiques	Relancer l'investissement	Relancer l'investissement	Réduire leur part dans le PIB	Réduire leur part dans le PIB	Baisser les dépenses liées à l'immigration et à l'Europe
Le mariage pour tous	Le maintenir	Le maintenir	Le maintenir	Réécrire la loi	Le remplacer par une union civile

2 Complétez le tableau suivant.

Partis qui font davantage preuve de libéralisme économique + proposition(s) qui le prouve(nt)	Partis qui font davantage preuve de libéralisme culturel + proposition(s) qui le prouve(nt)

3 Les propositions des partis de gauche, du centre et de droite se distinguent-elles toujours ?

DOC. 3 Les différentes fonctions des partis politiques

Bien que les partis soient mal aimés, **54 %** des Français jugent que leur existence est une bonne chose et **50 %** les disent nécessaires en France aujourd'hui.

RÔLE DES PARTIS POLITIQUES

Une offre politique et électorale

- **Programme d'action** selon les idéaux du parti et en fonction du diagnostic sur la situation du pays.
- En période de campagne électorale pour la **primaire**, tendance des candidats à développer **leur propre programme** en s'affranchissant de celui du parti.
- Imposition de sa **ligne** au parti par le candidat victorieux aux primaires.
- Partis au pouvoir contraints d'accepter un **programme défini par l'exécutif.**

Une **primaire** vise à départager les candidats d'un même parti pour l'élection présidentielle.

La politisation et la mobilisation des citoyens

Commentaires de l'actualité, des réformes

Animation du débat politique

- **formation** et éducation du citoyen
- influence sur l'**opinion** publique
- **politisation** des citoyens
- **mobilisation** pendant les campagnes électorales

La sélection des candidats et des élus

Nécessité pour un candidat de se présenter au nom d'un parti pour avoir des chances d'être élu :
- aide à faire campagne
- apport du soutien des électeurs habituellement fidèles.

Sélection des candidats :
- très utile au bon fonctionnement d'une démocratie
- procure des repères à l'électeur avant de choisir pour qui voter.

Un **seul candidat par parti** et **par circonscription**
- offre électorale limitée
- débats démocratiques clairs au cours des campagnes électorales.

Source : D'après Pierre Bréchon, « Système des partis et mode de scrutin : quelles évolutions ? », *Cahiers français* n°397, La Documentation française, mars-avril 2017. Dessins de Jacques Azam, 1jour1actu.com, 2017.

4 En quoi l'offre politique et électorale consiste-t-elle ? Comment se construit-elle ?

....

....

....

....

....

....

....

....

....

....

....

5 Quelles sont les vertus du débat politique ?

....

....

....

....

....

....

6 Pourquoi un candidat a-t-il intérêt à se présenter au nom d'un parti ?

....

....

....

....

....

....

FAIRE LE POINT

Complétez le schéma à l'aide des termes suivants : mobilisation – offre – vie – socialisation – sélection.

Partis politiques →
- .... politique et électorale
- .... , politisation et .... des citoyens
- .... des candidats

→ Contribution à la .... politique

La contribution de la société civile organisée et des médias à la vie politique

OBJECTIF : Comprendre le rôle de la société civile organisée et des médias dans la vie politique.

FICHE 29

DOC. 1 Qu'est-ce que la société civile organisée ?

1 L'association Greenpeace mène des actions spectaculaires pour alerter l'opinion publique et le pouvoir politique. Ici avec d'autres ONG à Paris, place du Panthéon, en décembre 2017.

2 Le mouvement social « Nuit debout », place de la République à Paris, en avril 2016, pour une démocratie plus participative

3 Manifestation des cheminots à Paris, le 3 mai 2018, contre la réforme de la SNCF

Organisations de citoyens	Objectifs
Exemples : • Associations 1 • Mouvements sociaux 2 • Syndicats... 3	• Défendre une catégorie de la population • Défendre une cause, des valeurs

1 Quelles sont les diverses composantes de la société civile organisée représentées sur ces photographies ?

....

....

....

....

2 Pourquoi qualifie-t-on la société civile organisée de « corps intermédiaire », comme les partis politiques ?

....

....

....

....

....

DOC. 2 Les moyens d'action de la société civile organisée

	Modèle pluraliste	Modèle néo-corporatiste	Modèle contestataire
Rôle	Influence sur le pouvoir politique	Coopération avec le pouvoir politique	Contestation face au pouvoir politique
Moyens d'action directs	• Lobbying : contacts formels (entretiens) ou informels (déjeuners) • Négociation	Groupe associé à la mise en œuvre des politiques publiques	Action juridique : recours contre un projet ou une décision
Moyens d'action indirects	Prises de position publiques : conférences de presse, campagnes publicitaires	/	• Actions symboliques : grève de la faim, occupation de locaux • Actions conflictuelles : blocage des routes, manifestations
Intérêts	• Mise sur agenda : les pouvoirs publics se saisissent de la question • Décision politique	Légitimité de la décision	• Mise sur agenda : les pouvoirs publics se saisissent de la question • Décision politique

D'après Patrick Hassenteufel, *Sociologie politique : l'action publique*, © Armand Colin, 2011.

3 Qu'est-ce qui différencie les trois modèles d'action ?

....

....

....

....

....

....

4 Quel est le point commun entre les modèles pluraliste et contestataire ?

....

....

....

....

....

....

DOC 3 Un exemple : le mouvement de lutte contre les violences faites aux femmes

24 septembre 2018
Muriel Robin, soutenue par 87 personnalités, lance un appel à pétition « Sauvons celles qui sont encore vivantes », contre les violences conjugales.

→

24 novembre 2018
Marche contre les violences faites aux femmes, revendiquant des politiques publiques plus ambitieuses de prévention des violences sexistes et sexuelles.

→

14 décembre 2018
Les comédiennes Muriel Robin et Eva Darlan à l'hôtel Matignon pour remettre un plan de mesures au Premier ministre, qui a reconnu l'urgence à agir.

5 Quels sont les objectifs de ce mouvement ?

6 Quels sont les moyens mis en œuvre pour y parvenir ?

7 Montrez que le mouvement de lutte contre les violences faites aux femmes s'appuie sur les trois répertoires d'action étudiés précédemment (DOC 2).

DOC 4 Quelle est la place des médias dans la vie politique ?

Les médias ont acquis aujourd'hui pour une majorité d'individus le rôle de source [d'information] légitime et facilement accessible […]. Les médias participent à la construction de la réalité et mettent en exergue des faits dont nous n'aurions pas connaissance autrement. L'individu perçoit donc, au-delà de son expérience humaine, une réalité sociale fabriquée par les médias et réagit par rapport à elle. […]
Les médias entretiennent l'image instituée de la vie politique, de ses codes, de ses symboles […]. [Ils] informent aussi sur la vie politique et sur le fonctionnement des institutions. En créant les événements et en les sélectionnant, ils participent au jeu politique dont ils sont devenus un acteur majeur, y compris dans l'influence qu'ils exercent dans le choix de problèmes politiques « prioritaires » à traiter. Notons qu'ils sélectionnent aussi le personnel politique dont l'« existence médiatique » est une préoccupation constante, tant d'ailleurs pour eux-mêmes que dans leurs stratégies de pouvoir. La notoriété, créée ou confortée par les médias, est en effet une ressource-clef dans l'univers politique.

Dominique Chagnollaud de Sabouret, *Introduction à la science politique*, © Dalloz, 2018.

8 Pourquoi les médias sont-ils indispensables aux citoyens ?

9 Comment les médias participent-ils au jeu politique ?

FAIRE LE POINT

Vrai ou faux ? Justifiez vos réponses.

1. La société civile organisée dépend de l'État. Vrai ☐ Faux ☐
2. La société civile organisée constitue un corps intermédiaire. Vrai ☐ Faux ☐
3. Le seul moyen d'action de la société civile organisée est la contestation. Vrai ☐ Faux ☐
4. Les médias ne contribuent pas à la vie politique. Vrai ☐ Faux ☐

SES ET CINÉMA

L'Exercice de l'État
Filmer le pouvoir politique en action

Synopsis

Le ministre des Transports se rend en pleine nuit sur les lieux d'un accident de car qui a fait de nombreuses victimes. Une fois rentré à Paris, il annonce lors d'une interview à la radio son opposition à la privatisation des gares. Immédiatement contredit sur une station concurrente par le ministre du Budget, il se lance dans une course poursuite politique pour imposer son point de vue face à son collègue du gouvernement.

L'Exercice de l'État est une fiction sur l'action et le temps politique. Pierre Schœller prend le contrepied de certaines productions hollywoodiennes qui héroïsent le président des États-Unis, en mettant en scène le **fonctionnement d'un État depuis l'intérieur d'un ministère**.

vidéo
Extrait du film
www.lienmini.fr/ses-2-211

1 Décrivez les sujets, le rythme et le ton de l'interview. Que nous indiquent-ils sur le temps de l'action politique ?

2 Caractérisez le rôle politique du ministre.

3 Quels rôles jouent la conseillère en communication et le directeur de cabinet ?

4 Quel est la place de la parole du ministre durant l'échange avec le patron du rail ? Qu'est-ce que cela révèle de l'action politique ?

5 Dans cet extrait, quel rôle jouent la communication et les médias dans la vie politique ?

SYNTHÈSE

Comment s'organise le pouvoir politique ?

1 Les spécificités du pouvoir politique

▶ **Le pouvoir politique** s'exerce sur l'ensemble d'une communauté humaine (prise de décisions, institution de règles communes, arbitrage des conflits). L'exercice du pouvoir politique s'appuie sur la **légitimité** (fondée sur le charisme, la tradition ou la loi et la règle) et sur le « **monopole de la contrainte physique légitime** », car elle est encadrée par la loi.

2 Les pouvoirs exécutif, législatif et judiciaire sous la Vᵉ République

▶ Le **pouvoir exécutif applique les lois votées** par le Parlement. Il est bicéphale (le président de la République et le Premier ministre). Le président de la République dispose de pouvoirs propres. Il nomme le Premier ministre et est le chef des armées. Le Premier ministre et son gouvernement mènent la politique de la nation selon la Constitution.

▶ Le **pouvoir législatif**, le Parlement, **détient l'initiative législative et vote les lois**. Il est bicaméral (composé de deux Chambres : l'Assemblée nationale et le Sénat). L'Assemblée nationale détient davantage de pouvoirs que le Sénat.

▶ Le **pouvoir judiciaire** (juridictions civiles, pénales et administratives) **contrôle l'application de la loi**.

▶ La démocratie est fondée sur la **séparation des pouvoirs** exécutif, législatif, judiciaire. En France, **la séparation des pouvoirs est souple**.

3 Les effets des modes de scrutin

Il existe deux **modes de scrutin** :

▶ Le **mode de scrutin majoritaire** conduit à une sous-représentation des partis minoritaires et à une bipolarisation de la vie politique, mais il favorise la stabilité gouvernementale.

▶ Le **mode de scrutin proportionnel** assure une bonne représentation de la diversité des opinions des citoyens, mais fragmente les partis et favorise l'instabilité gouvernementale.

4 Le rôle des partis politiques, de la société civile organisée et des médias dans la vie politique

▶ Les **partis politiques** élaborent une offre politique et électorale (programmes), contribuent à la politisation et à la mobilisation des citoyens et sélectionnent leurs candidats.

▶ La **société civile organisée** (syndicats, associations...) défend des catégories de population ou des causes, en faisant pression sur le pouvoir politique.

▶ Les **médias** contribuent à l'information des citoyens, au jeu politique (diffusion et sélection des informations) et à la sélection du personnel politique.

NOTIONS

Pouvoir politique
Pouvoir exécutif
Pouvoir législatif
Pouvoir judiciaire
Séparation des pouvoirs
Mode de scrutin
Parti politique
Société civile organisée

Voir LEXIQUE p.97-98

SCHÉMA BILAN

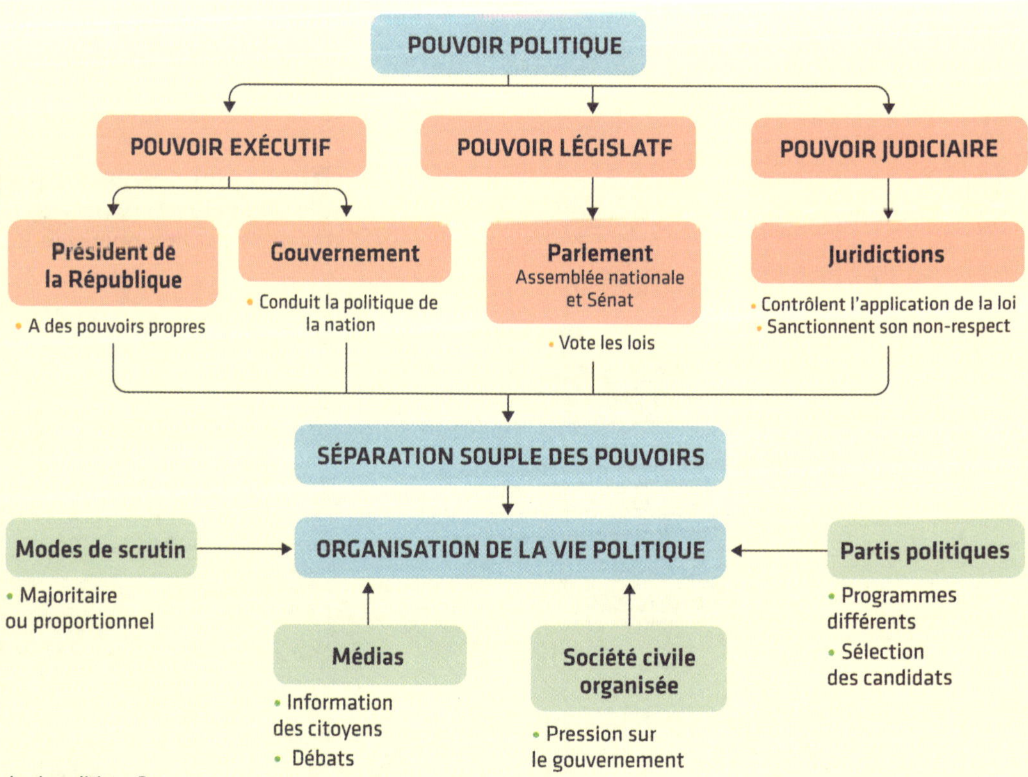

podcast - Ça s'écoute

C'est quoi le job d'une députée ?

Interview de Danièle Obono, députée de la 17ᵉ circonscription de Paris

Durée : 5 min.

www.lienmini.fr/ses-2-209

La poursuite d'études, un investissement en capital humain

OBJECTIF : Comprendre que la poursuite d'études est un investissement en capital humain.

FICHE 30

DOC.1 Le parcours de l'astronaute Thomas Pesquet

Thomas Pesquet à bord de la Station spatiale internationale, en 2017.

Après une classe préparatoire au lycée Pierre-Corneille de Rouen, Thomas Pesquet a obtenu un diplôme d'ingénieur aéronautique à l'école Supaéro, à Toulouse. Il a ensuite suivi une année au sein du programme de mastère en aéronautique à l'école polytechnique de Montréal, à l'université Concordia et à l'université McGill. Il parle le français, l'anglais, le russe, l'espagnol, le chinois et l'allemand. Il pratique le parachutisme, la plongée et il est ceinture noire de judo.

1 Thomas Pesquet a-t-il fait des études supérieures de haut niveau ?

....

....

....

....

DOC.2 Le coût de la rentrée pour les étudiants

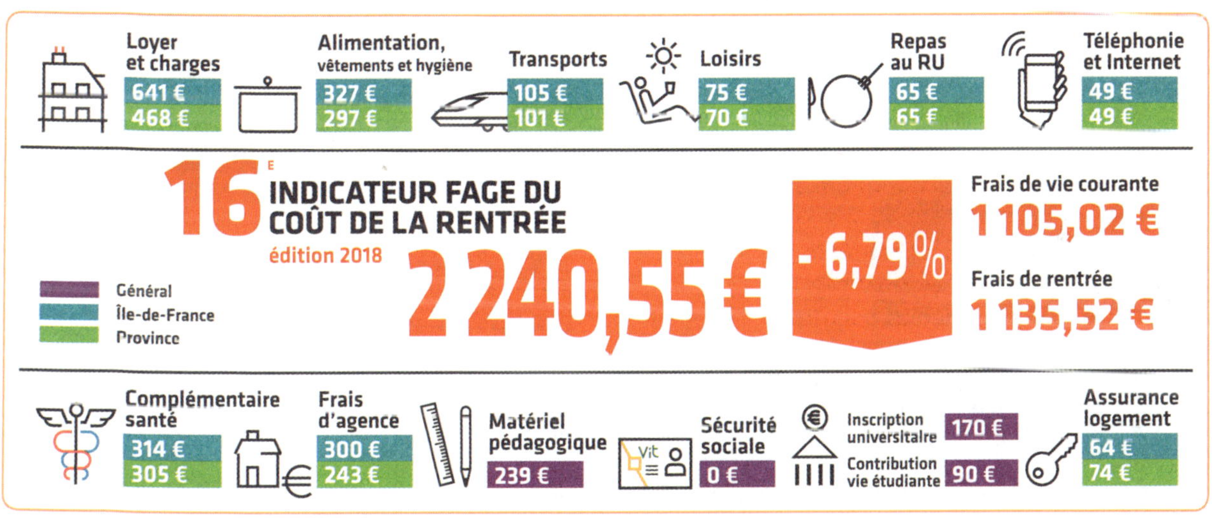

2 Quels sont les deux types de frais entraînés par une année d'étude ?

....

....

....

....

3 Calculez le coût d'une année universitaire de 10 mois pour un(e) étudiant(e).

	Île-de-France	Province
Vie courante	....	....
Rentrée	....	....
Total	....	....

4 Compte tenu du coût important d'une année universitaire, pourquoi de nombreux jeunes choisissent-ils selon vous de poursuivre des études supérieures ?

....

....

....

....

....

....

....

....

....

....

DOC.3 La théorie du capital humain

Les individus investissent en capital humain si les coûts de cet investissement leur permettent d'obtenir demain des gains qui les compensent. Les coûts de l'éducation comprennent les dépenses dues aux études ou aux formations, ainsi que les pertes potentielles de revenus – car, lorsqu'on étudie, on ne peut exercer une activité rémunérée –, les effets négatifs du stress et de la pénibilité de certaines études. La décision d'investir en capital humain dépend des capacités des individus, ainsi que des coûts et des gains attendus. L'investissement est rentable si les gains sont supérieurs aux coûts.

D'après Pierre Cahuc et André Zylberberg, *Microéconomie du marché du travail*, © La Découverte, 2003.

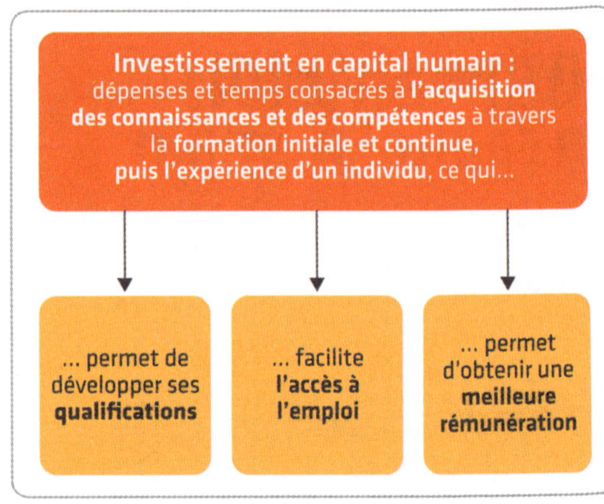

5 En dehors des frais liés à la vie étudiante, quels sont les autres coûts de l'éducation ?

6 Quels sont les bénéfices attendus d'une poursuite d'études ?

7 Pourquoi peut-on considérer la décision de poursuivre ses études comme un investissement en capital humain ?

8 À quelles conditions l'investissement éducatif est-il rentable ?

DOC.4 Poursuite d'études et développement des capabilités

Amartya Sen
Économiste indien, prix Nobel 1998

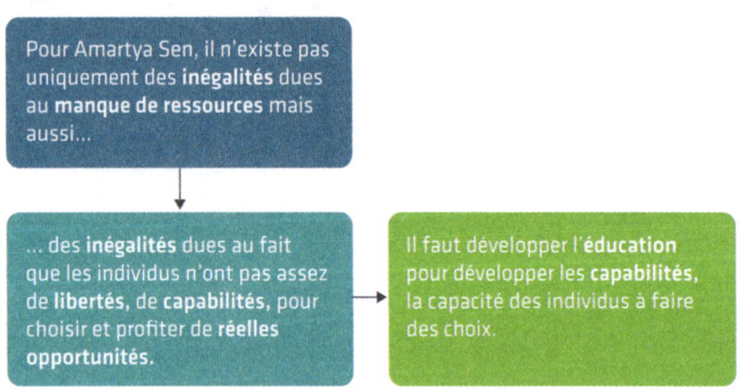

9 Pour A. Sen, les inégalités sont-elles uniquement des inégalités de ressources ?

10 Pourquoi la poursuite d'études améliore-t-elle les capabilités de l'individu ?

FAIRE LE POINT

Complétez le texte à l'aide des termes suivants :
investissement en capital humain – capabilités – supérieurs – coûts – gains – rentable.

Décider de poursuivre des études supérieures entraîne des ………………, mais génère également des ……………… . Les études supérieures peuvent donc être analysées comme un ……………… ……………… qui est ……………… si les gains sont ……………… aux coûts. La poursuite d'études supérieures permet aussi à l'individu de disposer de plus de ……………… .

Le diplôme, un tremplin pour l'emploi

OBJECTIF : Constater que les études supérieures favorisent l'accès à des emplois stables et qualifiés.

FICHE 31

DOC. 1 Le salon des métiers du numérique

1 Quel est le sens du message « Se former pour être recruté demain ? »

DOC. 2 L'accès à l'emploi des diplômés des grandes écoles de commerce

Situation en 2018 de la promotion 2016 des diplômés de grandes écoles de commerce

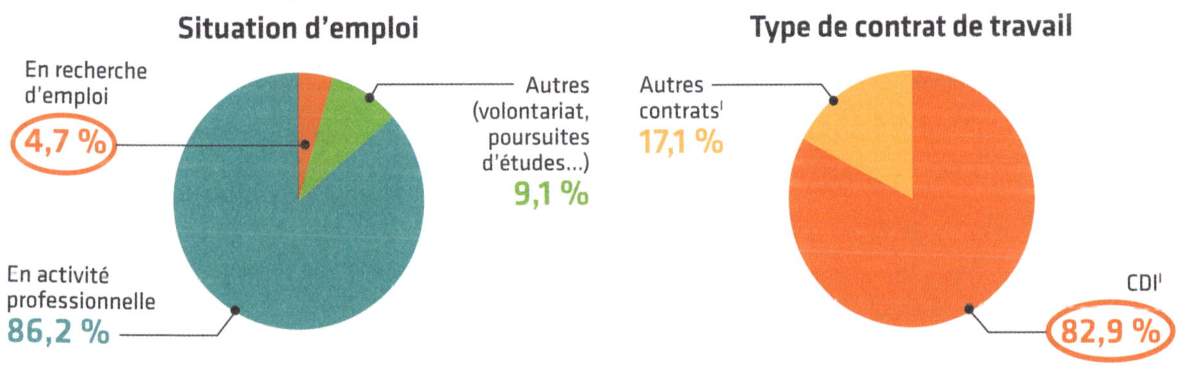

1. CDI (contrat à durée indéterminée) : sans date de fin prévue. S'oppose aux contrats à durée déterminée (CDD, intérim).
Source : « Enquête Insertion 2018 des jeunes diplômés des Grandes écoles », Conférence des Grandes écoles, juin 2018.

2 Rédigez une phrase avec les données entourées.

3 Quelle est la situation la plus courante pour un diplômé d'école de commerce deux ans après l'obtention de son diplôme ?

4 Montrez que le diplôme d'une grande école de commerce permet de s'insérer aisément et de façon stable sur le marché du travail. Justifiez votre réponse à l'aide de données chiffrées.

DOC.3 Diplôme et insertion professionnelle

Taux d'accès à l'emploi et CSP selon le niveau de diplôme

NON DIPLÔMÉS

Accès à l'emploi	Accès rapide à l'emploi [1]	32 %
	Éloignés de l'emploi [2]	38 %
	Taux d'emploi [3]	40 %
	Part des jeunes en CDI	34 %
CSP [4]	Agriculteurs ou travailleurs indépendants	3 %
	Ouvriers	44 % (entouré)
	Employés	37 %
	Professions intermédiaires	15 %
	Cadres	1 %

BAC

Accès à l'emploi	Accès rapide à l'emploi [1]	60 %
	Éloignés de l'emploi [2]	11 %
	Taux d'emploi [3]	67 %
	Part des jeunes en CDI	51 %
CSP [4]	Agriculteurs ou travailleurs indépendants	2 %
	Ouvriers	27 %
	Employés	42 %
	Professions intermédiaires	26 %
	Cadres	3 %

BAC +2

Accès à l'emploi	Accès rapide à l'emploi [1]	77 %
	Éloignés de l'emploi [2]	3 %
	Taux d'emploi [3]	81 %
	Part des jeunes en CDI	70 %
CSP [4]	Agriculteurs ou travailleurs indépendants	3 %
	Ouvriers	16 %
	Employés	31 %
	Professions intermédiaires	44 %
	Cadres	6 %

BAC + 5 ET PLUS

Accès à l'emploi	Accès rapide à l'emploi [1]	74 % (entouré)
	Éloignés de l'emploi [2]	2 %
	Taux d'emploi [3]	86 %
	Part des jeunes en CDI	79 %
CSP [4]	Agriculteurs ou travailleurs indépendants	2 %
	Ouvriers	1 %
	Employés	6 %
	Professions intermédiaires	32 %
	Cadres	59 %

1. Moins de 3 mois. 2. Moins de 10 % du temps en emploi. 3. Part des jeunes en emploi parmi les jeunes de la génération. 4. Catégorie socioprofessionnelle.

Enquête réalisée en 2016 par le Céreq (Centre d'études et de recherche sur les qualification) auprès des jeunes sortis du système éducatif trois ans auparavant (en 2013).

Source : Céreq, Insee, 2018.

5 Rédigez une phrase avec les deux données entourées.

6 L'obtention d'un diplôme permet-elle d'accéder plus rapidement à un emploi ? Justifiez votre réponse en comparant deux ou trois données.

7 Comparez la situation des jeunes non-diplômés avec celle des titulaires d'un bac + 5 pour les catégories socioprofessionnelles « cadres » et « ouvriers ».

8 L'obtention d'un diplôme est-elle nécessaire pour accéder aux professions les plus qualifiées ? Justifiez votre réponse à l'aide de chiffres précis.

FAIRE LE POINT

Vrai ou faux ?

	Vrai	Faux
1. Les non-diplômés ont majoritairement un emploi trois ans après leur sortie du système éducatif.	☐	☐
2. Disposer d'un contrat à durée indéterminée correspond à une situation d'emploi stable, puisque la date de fin du contrat n'est pas clairement indiquée.	☐	☐
3. Il n'y a quasiment pas de différence d'accès à l'emploi entre un individu non diplômé et un individu diplômé du secondaire seulement.	☐	☐
4. Les chances d'accès à un emploi de cadre ne sont pas équivalentes selon le niveau de diplôme.	☐	☐

Les qualifications, un atout contre le chômage

OBJECTIF : Constater que le manque de qualification est une cause de chômage.

FICHE 32

DOC.1 Tailleur de pierre, à la croisée des chemins entre art et artisanat

À Remiremont, dans les Vosges, le lycée Camille Claudel propose des formations en gravure, en taille de pierre et en sculpture à des bacheliers comme à des adultes en reconversion. La taille de pierre […] « demande de la logique et une bonne visualisation de l'espac », analyse Simon Kerstetter, professeur en CAP taille de pierre.

D'après Julia Mariton, www.lemonde.fr, 2018.

NE PAS CONFONDRE

La notion de **qualification** recouvre deux dimensions distinctes. La **qualification de l'emploi** correspond aux aptitudes (connaissances, savoir-faire) requises pour occuper un emploi donné. La **qualification de l'individu** désigne l'ensemble des capacités personnelles d'un individu mobilisables dans le champ professionnel, que celles-ci aient été acquises par une formation ou par l'expérience.

1 D'après le texte, quelles sont les qualifications requises pour exercer le métier de tailleur de pierre ?

....

2 Comment devient-on tailleur de pierre ?

....

DOC.2 Capital humain ou théorie du signal

Selon les économistes, pour réduire le risque d'être au chômage, il faut faire des études. Mais certains expliquent la relation entre études et chômage par le capital humain et d'autres par la théorie du signal.

Selon la théorie du capital humain, l'enseignement reçu bénéficie à l'étudiant en lui apportant des compétences et des savoirs (qualifications), qui le rendent plus productif. […] Plus on se forme, plus on est compétent, et plus on trouve facilement un emploi.

[Mais] de nombreuses formations ne semblent pas apporter beaucoup de qualifications directement utilisables dans l'emploi. L'économiste Michael Spence se demandait pourquoi des étudiants pourraient prendre la peine de suivre ce genre de formations difficiles, mais qui ne donnent aucune qualification directement utilisable. […] Ces formations servent de signal auprès de futurs employeurs. L'étudiant qui passe un master de philosophie montre sa capacité à accomplir un travail intellectuel ardu, une capacité de discipline, une forme d'ouverture d'esprit.

D'après Alexandre Delaigue, « À quoi servent les études ? », www.blog.francetvinfo.classe-eco, 2014.

3 Quelles sont les deux théories économiques qui permettent de faire le lien entre diplôme et emploi ?

....

4 Pourquoi un diplômé en master de philosophie peut-il être embauché dans une banque ?

....

DOC. 3 Diplôme et niveau de chômage

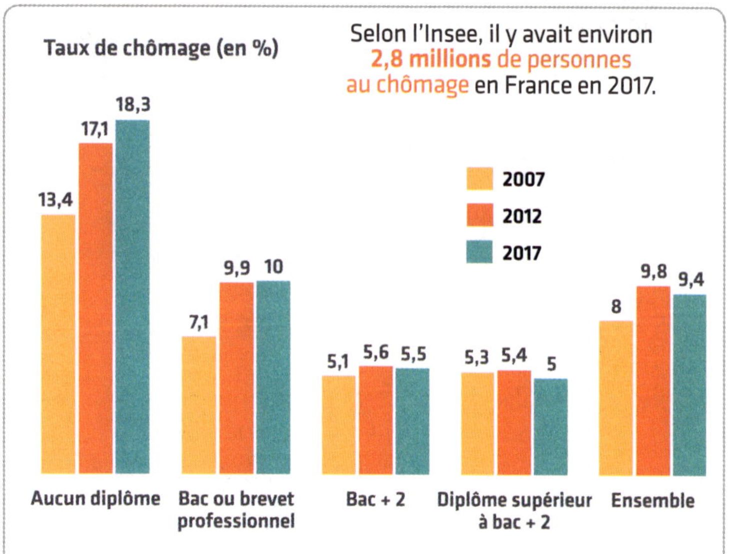

Champ : France (hors Mayotte) pour 2017. Source : « Enquête emploi », Insee, 2018.

NOTION

Le **chômage** désigne la situation des personnes sans emploi, qui en recherchent un et qui sont disponibles pour travailler.

$$\text{Taux de chômage} = \frac{\text{Nombre de chômeurs}}{\text{Population active}} \times 100$$

(personnes en emploi et chômeurs)

5 Comment le taux de chômage a-t-il évolué entre 2007 et 2017 : pour l'ensemble des actifs ? pour ceux qui n'ont aucun diplôme ? pour ceux qui ont un diplôme supérieur à bac + 2 ? SAVOIR-FAIRE 3 p.87

....

6 Le diplôme protège-t-il du chômage ? Justifiez votre réponse à l'aide de chiffres précis.

....

DOC. 4 La formation continue

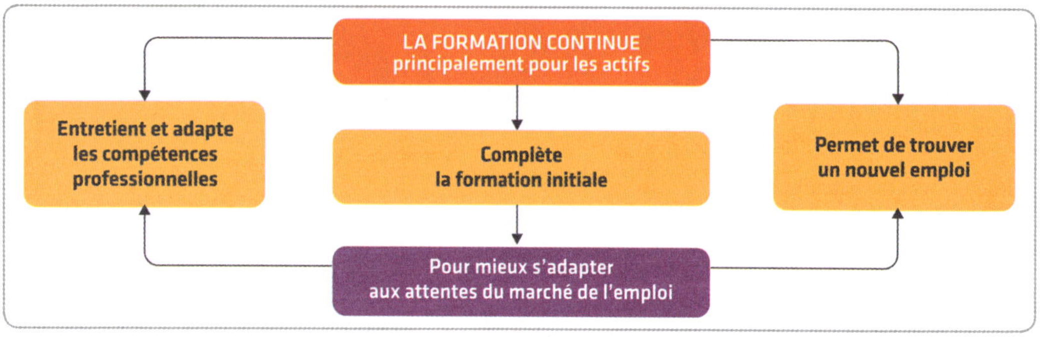

7 À qui la formation continue s'adresse-t-elle ?

....

8 D'après le schéma, quels sont les trois apports d'une formation continue ?

....

FAIRE LE POINT

Vrai ou faux ?

1. Seule la poursuite d'études permet d'acquérir des qualifications. Vrai ☐ Faux ☐
2. Qualification de l'emploi et qualification de l'individu sont synonymes. Vrai ☐ Faux ☐
3. 11 % des Français sont au chômage en 2017. Vrai ☐ Faux ☐
4. Le taux de chômage des non-diplômés est, en 2017, deux fois plus important que celui de l'ensemble de la population. Vrai ☐ Faux ☐
5. Le niveau de qualification d'un individu est définitivement fixé à l'issue de sa formation initiale. Vrai ☐ Faux ☐

Les déterminants du salaire

OBJECTIF : Comprendre que le salaire peut varier selon différents critères.

FICHE 33

DOC.1 Les salaires en France

NE PAS CONFONDRE

Le **salaire** est la contrepartie du travail fourni. Le **salaire brut** comprend l'ensemble des sommes convenues (salaire de base) et des avantages accordés par l'employeur (avantages en nature, primes, gratifications, pourboires...). Le **salaire net** s'obtient en déduisant du salaire brut les cotisations et contributions salariales (assurance vieillesse, retraite complémentaire, CSG...).

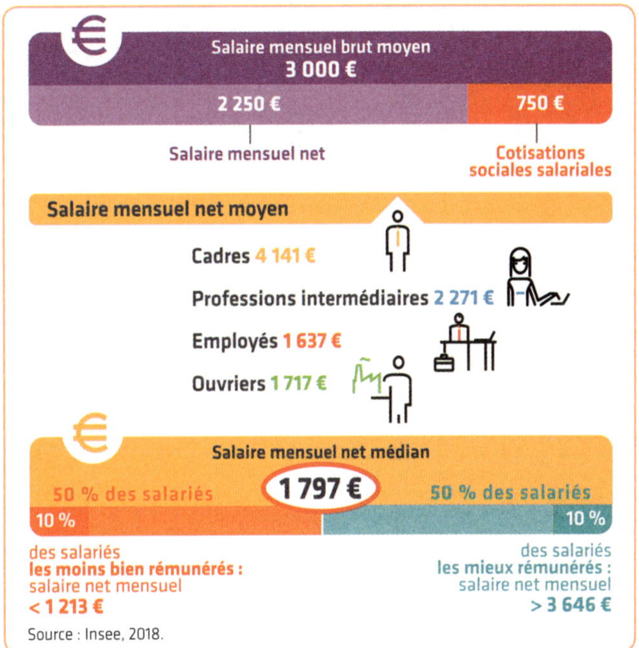

Source : Insee, 2018.

1 **Rédigez une phrase avec la donnée entourée sans utiliser le terme « médian ».**

2 **Réalisez deux calculs permettant de comparer le salaire des 10 % les mieux payés au salaire des 10 % les moins payés. Rédigez une phrase avec les résultats obtenus.** SAVOIR-FAIRE 2 p.86

DOC.2 Niveau d'études et productivité du travail

NOTION

La **productivité du travail** désigne la quantité de biens ou services qu'un travailleur produit en un temps donné.

L'éducation est l'un des principaux déterminants de la productivité du travail. Poursuivre des études signifie généralement retarder son entrée dans la vie active mais aussi accroître son espérance de revenu annuel. En moyenne les bacheliers gagnent plus que les non-bacheliers. Les individus qui ont suivi des études supérieures gagnent plus que ceux qui sont seulement bacheliers. Les diplômes de l'enseignement supérieur sont mieux rémunérés que ceux qui ont commencé des études mais qui ne les ont pas achevées. Un étudiant a un revenu plus faible quand il suit des études, mais il peut raisonnablement gagner un revenu plus élevé dans le futur. De plus le fait de travailler davantage à l'école et de renoncer à un certain temps de loisir permet d'obtenir de meilleurs résultats et d'améliorer ses compétences et ses connaissances. Cet effort permettra en retour d'obtenir dans l'avenir des salaires plus élevés.

Joseph Stiglitz, *Principes d'économie moderne*, © Édition De Boeck, 2015.

3 **D'après ce texte, pourquoi est-il utile de poursuivre des études ?**

4 **Est-il justifié pour une entreprise de rémunérer davantage un salarié plus productif que la moyenne ?**

5 **Résumez le texte en utilisant les notions suivantes : *qualifications – capital humain – salaire – productivité du travail.***

DOC.3 Type d'entreprise et niveau de salaire

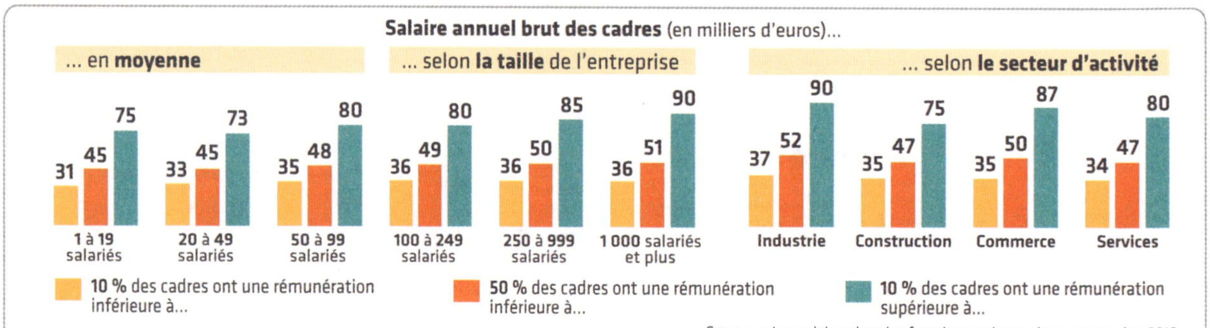

Source : « Les salaires dans les fonctions cadres », Apec, septembre 2018.

6 Complétez la phrase suivante. Dans le secteur de l'industrie, 50 % des cadres perçoivent en 2017 un salaire inférieur à .... euros bruts par an.

7 Montrez l'influence de la taille de l'entreprise et du secteur d'activité sur la rémunération des cadres. Vous appuierez votre analyse sur des calculs de coefficients multiplicateurs. SAVOIR-FAIRE 2 p.86

....

....

....

....

....

DOC.4 Les écarts de salaires entre femmes et hommes

Dessin d'Antoine Chéreau, paru aux éditions Pixel Fever, en 2016.

Les spécialistes s'accordent à décomposer [l'écart salarial entre hommes et femmes] de la manière suivante : une partie s'explique par le fait que les femmes travaillent à temps partiel ; une autre par les différences de secteurs d'activité, les caractéristiques professionnelles et l'expérience ; et une dernière partie est « inexpliquée ».
Une étude récente […] propose une sorte de super-explication, englobant toutes les autres : la maternité ; […] la maternité considérée comme un fait social, qui se traduit non seulement par quelques semaines de congé légal, mais aussi par de petits arrêts de travail pour enfant malade, le temps partiel du mercredi, la responsabilité d'habiller les enfants le matin, toutes tâches qui continuent d'incomber prioritairement aux mères. Ce n'est donc pas la maternité, mais la division traditionnelle et les stéréotypes des rôles, renforcés par l'arrivée d'un enfant, qui engendrent une série de conséquences, parmi lesquelles une partie des inégalités salariales.

D'après Dominique Méda, « L'inégalité de salaire hommes-femmes, c'est de naissance ! », www.lemonde.fr, juin 2018.

8 Quelles sont les différentes causes de l'écart salarial entre hommes et femmes ?

....

....

....

....

FAIRE LE POINT

Construisez la synthèse du dossier avec un schéma à l'aide des termes suivants :
diplômes – secteur d'activité – expérience – caractéristiques de l'entreprise – genre – niveau de salaire – caractéristiques du salarié – taille de l'entreprise

L'influence du milieu social sur l'accès aux formations diplômantes

OBJECTIF : Comprendre que les chances d'accès aux diplômes sont socialement différenciées.

FICHE 34

DOC.1 Les inégalités de réussite scolaire

Aggravation des inégalités de résultats depuis 10 ans

La France en dernière position des pays de l'OCDE[1] en mathématiques

1. Organisation de coopération et de développement économique.
Source : CNESCO (Conseil national d'évaluation du système scolaire), 2019.

1 L'évolution des résultats est-elle la même pour les élèves issus de milieux favorisés et ceux issus de milieux défavorisés ?

DOC.2 Enfants de cadres et enfants d'ouvriers

Part d'enfants de cadres et d'ouvriers selon les filières (en %)

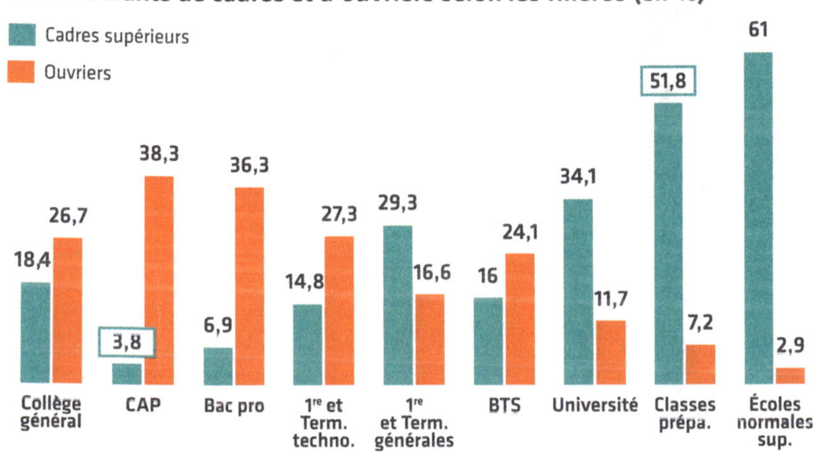

Source : ministère de l'Éducation nationale, 2018.

2 Rédigez une phrase avec les données entourées.

3 Comparez les parts des enfants d'ouvriers dans les différentes filières.

4 L'origine sociale a-t-elle une influence sur la poursuite d'études ? Justifiez votre réponse à l'aide de chiffres précis.

DOC.3 Une réussite scolaire inégale selon le milieu social

Plus haut diplôme obtenu en fonction de la position sociale des parents (en %)

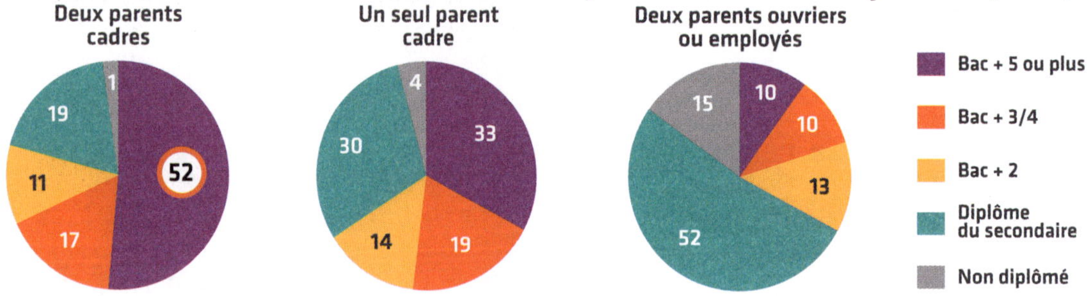

Champ : ensemble des jeunes dont la catégorie socioprofessionnelle des deux parents est connue.

Source : « Quand l'école est finie. Premiers pas dans la vie active de la Génération 2013 », Céreq n°1, octobre 2017.

5 Rédigez une phrase avec la donnée entourée.

....

....

....

....

6 Complétez la phrase suivante :

Les individus dont les deux parents sont cadres sont, en proportion, ... fois plus nombreux à obtenir un diplôme de niveau bac + 5 ou plus que les individus dont les deux parents sont ouvriers ou employés. SAVOIR-FAIRE 2 p.86

DOC.4 L'analyse de deux sociologues

Deux analyses sociologiques des inégalités de réussite scolaire

Raymond Boudon (1934-2013)

Les **familles** décident de l'orientation scolaire des enfants en évaluant les **gains** et les **coûts** de ces orientations.

Les décisions dépendent de l'origine sociale : gains attendus estimés incertains et coûts élevés quand l'origine sociale est moins favorisée.

Pierre Bourdieu (1930-2002)

L'**école** transmet, au-delà des savoirs, une **culture** appartenant aux groupes sociaux favorisés qui détiennent le pouvoir.

Les enfants des groupes sociaux favorisés réussissent mieux à l'école, car les **qualités appréciées à l'école sont celles de ces groupes.** L'école participe à la **reproduction sociale.**

Inégalités de réussite scolaire entre les groupes sociaux

7 Quels sont les facteurs susceptibles d'expliquer les inégalités scolaires selon Raymond Boudon ?

....

....

....

....

....

....

....

....

selon Pierre Bourdieu ?

....

....

....

....

....

8 Pourquoi, selon Pierre Bourdieu, l'école participe-telle à la reproduction sociale ?

....

....

....

....

FAIRE LE POINT

Complétez le schéma à l'aide des termes suivants :

sociale – accès à l'emploi – réussite scolaire – accès au diplôme.

Origine .... → Inégalités de .... → Chances d'.............. .... inégales → Inégalités d'....................

SES ET CINÉMA

Les Bonnes Conditions
Parcours d'une jeunesse favorisée

Synopsis

De 2003 à 2016, la cinéaste Julia Gavras a interrogé huit jeunes scolarisés au lycée Victor Duruy, qui recrute ses élèves dans des arrondissements parisiens favorisés. Le film se conclut par une dernière rencontre en 2016, juste avant qu'ils n'aient 30 ans. À l'inverse de nombreuses enquêtes sociologiques qui portent sur les milieux défavorisés, la cinéaste a fait le choix de poser son regard sur des jeunes « de bonne condition », issus de milieux sociaux disposant d'un capital économique, social et culturel important. La réalisatrice s'inscrit dans une démarche sociologique de compréhension de **l'influence du milieu dans la construction du parcours personnel.**

vidéo
Extraits du film
1. 00:06:25 à 00:07:28
2. 00:11:15 à 00:13:16
3. 00:22:57 à 00:24:57

Extraits 1 et 2 *Les années lycée*

1 Citez les professions des parents de quelques-uns des jeunes interrogés. Qu'en déduit-on sur leur milieu social d'origine ?

2 Quels sont les parcours d'orientation envisagés par les jeunes interrogés ?

Extrait 3 *Les années d'études supérieures*

3 Comment ces jeunes vivent-ils leurs expériences dans le supérieur ?

Pour conclure

4 Comment ces témoignages illustrent-ils la notion de reproduction sociale ?

SYNTHÈSE

Quelles relations entre le diplôme, l'emploi et le salaire ?

1 La poursuite d'études, un investissement en capital humain

▶ **Poursuivre des études engendre de nombreux coûts :** frais d'inscription, dépenses liées à la vie courante de l'étudiant et renoncement au salaire qui serait perçu en cas d'intégration immédiate au marché du travail.

▶ **Ces coûts permettent d'accroître le capital humain de l'étudiant.** La poursuite d'études est un **investissement** en capital humain, qui est rentable si les gains sont supérieurs aux coûts : niveau de **salaire** plus élevé, accès à l'**emploi** plus facile, et accès à plus de liberté pour faire ses choix de vie. La poursuite d'études permet par ailleurs d'augmenter les **capabilités** d'un individu.

2 Le diplôme et les qualifications, un tremplin pour l'emploi et un atout contre le chômage

▶ **L'obtention d'un diplôme favorise une entrée réussie sur le marché du travail :** plus le niveau de diplôme est élevé, plus les chances de trouver rapidement un premier emploi sont élevées. **Les qualifications** acquises lors des études et signalées par le diplôme **protègent en général du chômage**.

▶ **Les caractéristiques de l'emploi sont elles aussi fonction du niveau de diplôme :** les diplômés occupent majoritairement des emplois qualifiés et à durée indéterminée, alors que l'instabilité de l'emploi en début de carrière est plus forte en l'absence de diplôme.

3 Les différents déterminants du salaire

▶ **Il existe un lien clair entre diplôme obtenu et niveau de salaire.** Les écarts de salaire selon le **niveau de formation** indiquent que la poursuite d'études est un investissement souvent rentable.

▶ D'autres facteurs déterminent le niveau de rémunération : l'**expérience acquise**, la **taille de l'entreprise** et le **secteur d'activité**. Les salaires sont en moyenne plus élevés dans les grandes entreprises et le secteur industriel. Le **genre** participe aussi à la détermination du salaire. **Les écarts de salaires entre les hommes et les femmes persistent** et ne sont explicables qu'en partie par les caractéristiques des emplois occupés et par le temps de travail des femmes.

4 Des chances d'accès aux formations diplômantes socialement différenciées

▶ La décision de poursuivre des études, les choix d'orientation et la réussite scolaire restent assez fortement **influencés par le milieu social**.

▶ À niveau scolaire égal, les enfants de cadres réussissent mieux à l'école et font des choix d'orientation plus ambitieux que les enfants d'ouvriers.

NOTIONS

Capital humain
Investissement
Salaire
Emploi
Capabilités
Diplôme
Qualifications
Chômage

Voir LEXIQUE p.97-98

SCHÉMA BILAN

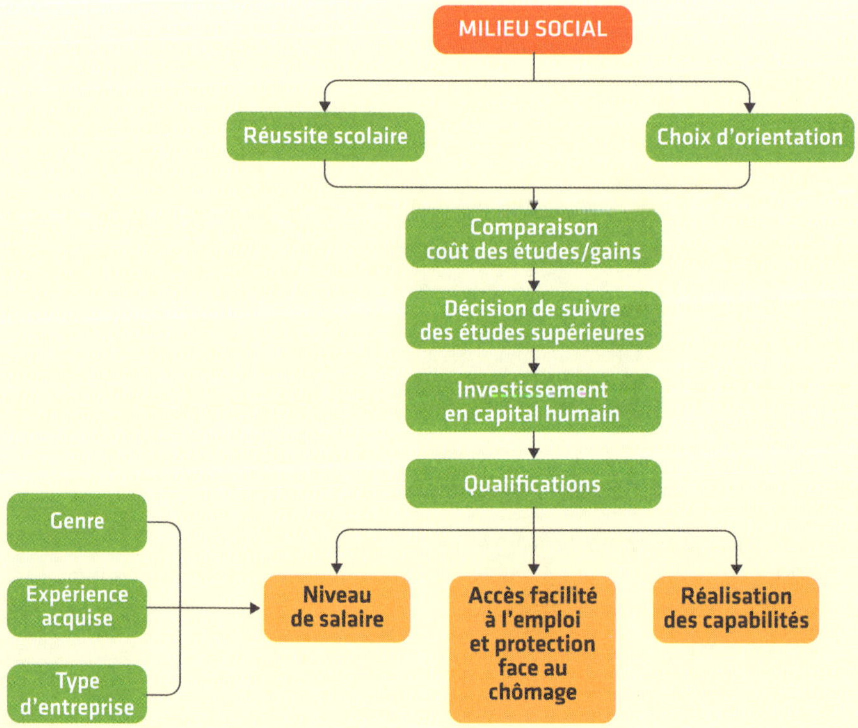

podcast - Ça s'écoute

Comment bien se former ?

Interview de Clara Déletraz, fondatrice d'une start up de reconversion professionnelle

Durée : 5 min.

www.lienmini.fr/ses-2-214

SAVOIR FAIRE 1

Lire, interpréter et calculer une proportion, un pourcentage de répartition

Qu'est-ce qu'une proportion et comment la calculer ?

On utilise les proportions afin de comparer une donnée (par exemple, le chiffre d'affaires des microentreprises en France) à une autre donnée, qui sert alors de référence (par exemple, le chiffre d'affaires des grandes entreprises en France). Le calcul est le suivant :

$$\frac{\text{Donnée 1}}{\text{Donnée 2}} \times 100$$

donnée à analyser → Donnée 1

donnée de référence → Donnée 2

× 100 : *pour obtenir directement le résultat en %*

> Une proportion peut être supérieure à 100 % lorsque que la donnée à analyser est supérieure à la donnée de référence.

Exemple

Selon l'Insee, en 2016, le chiffre d'affaires (CA) généré par les microentreprises en France était de 561 milliards d'euros, alors que celui généré par les grandes entreprises atteignait 1 385 milliards d'euros.

Calcul

$$\frac{\text{CA des microentreprises}}{\text{CA des grandes entreprises}} \times 100 = \frac{561}{1\,385} \times 100 = 40{,}5\ \%$$

Lecture

En 2016, selon l'Insee, le chiffre d'affaires généré par les microentreprises en France représente 40,5 % de celui des grandes entreprises.

Qu'est-ce qu'un pourcentage de répartition et comment le calculer ?

Les pourcentages de répartition sont un type particulier de proportions. La donnée à analyser (par exemple, le nombre de petites et moyennes entreprises) est un sous-ensemble de la donnée de référence (par exemple, l'ensemble des entreprises). Le calcul est le suivant :

$$\frac{\text{Sous-ensemble (donnée 1)}}{\text{Ensemble (donnée 2)}} \times 100$$

donnée 2 ⊃ *donnée 1*

× 100 : *pour obtenir directement le résultat en %*

> Un pourcentage de répartition est toujours compris entre 0 et 100 %. La valeur de l'ensemble ne peut pas être inférieure à la valeur du sous-ensemble.

Exemple

Selon l'Insee, en 2016, on comptait 134 600 petites et moyennes entreprises (PME) sur un ensemble de 3 995 731 entreprises.

Calcul

$$\frac{\text{Nombre de PME}}{\text{Nombre total d'entreprises}} \times 100 = \frac{134\,600}{3\,995\,731} \times 100 = 3{,}4\ \%$$

Lecture

En 2016, selon l'Insee, 3,4 % des entreprises françaises étaient des PME/les PME représentaient 3,4 % des entreprises en France.

EXERCICE D'APPLICATION

Valeur ajoutée des entreprises selon les branches (en 2017)

	En milliards d'euros	En % du total
Ensemble des branches	2 042,1	100 %
dont Industrie	285,8	....
Services principalement marchands	1 150,0	....
Services principalement non marchands	459,6	....
Autres	146,7	....

Source : Insee, 2018.

1 Complétez le tableau en calculant la part de chaque branche dans la valeur ajoutée totale.

2 Est-il exact de dire que la valeur ajoutée des services non marchands représente 39,9 % de la valeur ajoutée des services marchands ? Justifiez votre réponse par un calcul.

Calcul : ....

....

....

....

SAVOIR FAIRE 2 Lire, interpréter et calculer un coefficient multiplicateur

Qu'est-ce qu'un coefficient multiplicateur et comment le calculer ?

Un coefficient multiplicateur permet de comparer deux données en établissant un rapport entre elles. Il permet de répondre à la question : « par combien faut-il multiplier une donnée pour obtenir une autre donnée ? »

donnée à analyser → $\dfrac{\textbf{Donnée 1}}{\textbf{Donnée 2}}$ ← *donnée qui sert de base à la comparaison*

Comparer des données dans le temps

Un coefficient multiplicateur permet de comparer deux données dans le temps.

Exemple
On peut utiliser le coefficient multiplicateur pour comparer le produit intérieur brut (PIB) de la France entre deux dates. Selon l'Insee, le PIB était de 1 478,6 milliards d'euros courants en 2000 et de 2 291,7 milliards d'euros courants en 2017.

Calcul

$$\frac{\text{PIB en 2017}}{\text{PIB en 2000}} = \frac{2\,291{,}7}{1\,478{,}6} = 1{,}55$$

Lecture
Selon l'Insee, le PIB en euros courants a été multiplié par 1,55 entre 2000 et 2017 en France.

Comparer des données à une même date, mais sur un périmètre différent

Un coefficient multiplicateur peut permettre de comparer deux données à une même date, mais par exemple sur un périmètre géographique ou des catégories d'acteurs différents. Dans ce cas, la donnée à analyser correspond généralement à la donnée la plus élevée.

Exemple
Selon l'Insee, la valeur ajoutée (VA) de l'agriculture s'élevait en France à 34,6 milliards d'euros courants en 2017 ; celle de l'industrie à 285,8 milliards d'euros courants.

Calcul

$$\frac{\text{VA de l'industrie}}{\text{VA de l'agriculture}} = \frac{285{,}8}{34{,}5} = 8{,}28$$

Lecture
Selon l'Insee, la valeur ajoutée de l'industrie est 8,28 fois supérieure à celle de l'agriculture en France en 2017.

EXERCICE D'APPLICATION

Nombre d'emplois salariés par secteur d'activité en France

Secteur d'activité	2000	2005	2010	2015	2016	2017
Agriculture, sylviculture et pêche	270 655	253 494	221 317	248 342	248 646	251 288
Industrie	4 066 189	3 699 232	3 270 035	3 161 626	3 136 266	3 135 449
Construction	1 255 438	1 367 208	1 439 364	1 330 394	1 316 703	1 344 083
Tertiaire marchand	10 215 979	10 823 494	11 250 732	11 707 160	11 924 962	12 219 547
Tertiaire non marchand	7 032 306	7 357 669	7 603 851	8 041 020	8 083 622	8 082 701
Ensemble des activités	22 840 567	23 501 097	23 785 299	24 488 542	24 710 199	25 033 068

Source : Insee, 2018.

1 Par quel coefficient l'emploi dans le secteur tertiaire marchand a-t-il été multiplié entre 2000 et 2017 ?
Calcul : ....
....
....
....

2 Complétez la phrase suivante : En 2017, le nombre d'emplois dans le secteur industriel est .... fois supérieur au nombre d'emplois dans le secteur de la construction.
Calcul : ....
....

SAVOIR FAIRE 3 Lire, interpréter et calculer un taux de variation

Qu'est-ce qu'un taux de variation et comment le calculer ?

Un taux de variation permet d'exprimer en pourcentage l'évolution d'une donnée, généralement entre deux dates. Pour calculer ce taux, il est nécessaire de disposer de la valeur initiale et de la valeur finale de la donnée que l'on souhaite analyser. Le calcul est alors le suivant :

$$\frac{\textbf{Valeur finale - Valeur initiale}}{\textbf{Valeur initiale}} \times 100$$

Pour avoir le résultat en %

Un taux de variation peut être supérieur à 100 %. Il peut également être négatif (dans le cas où la donnée étudiée diminue).

Exemple : On peut utiliser un taux de variation pour calculer l'évolution du nombre de bacheliers entre deux dates. Selon le ministère de l'Éducation nationale, le nombre de candidats admis au bas ES est passé de 76 155 en 1995 à 108 131 en 2017.

Calcul

$$\frac{108\,131 - 76\,155}{76\,155} \times 100 = 42\ \%$$

Lecture

Selon le ministère de l'Éducation nationale, entre 1995 et 2017, le nombre de candidats admis au bac ES a augmenté de 42 %.

Quels sont les liens entre taux de variation et coefficient multiplicateur ?

Il est possible de transformer un taux de variation en coefficient multiplicateur et réciproquement.

- **Pour transformer un taux de variation en coefficient multiplicateur, on applique la formule suivante :** $\frac{\textbf{Taux de variation exprimé en \%}}{\textbf{100}} + 1$

Par exemple, le nombre de bacheliers ES a été, entre 1995 et 2017, multiplié par 1,42.

$$\frac{42}{100} + 1$$

- **Pour transformer un coefficient multiplicateur en taux de variation, on applique la formule suivante :**

(Coefficient multiplicateur – 1) × 100

Par exemple, le nombre de bacheliers ES a augmenté de 42 % entre 1995 et 2017.

(1,42 – 1) × 100

EXERCICE D'APPLICATION

Évolution du nombre d'électeurs dans quelques régions et en France entière

Région	1er mars 2016	1er mars 2017	1er mars 2018
Auvergne-Rhône-Alpes	5 231 000	5 373 000	5 305 000
Bourgogne-Franche-Comté	1 974 000	1 993 000	1 967 000
Bretagne	2 402 000	2 452 000	2 436 000
Hauts-de-France	4 225 000	4 259 000	4 231 000
Île-de-France	6 993 000	7 219 000	7 206 000
Normandie	2 381 000	2 402 000	2 377 000
France entière	**44 855 000**	**45 754 000**	**45 448 000**

Source : Insee, 2018.

1 Calculez le taux de variation du nombre d'électeurs en France entre 2016 et 2017 et rédigez une phrase avec le résultat obtenu. Calcul :

....

....

....

2 Sans l'aide de votre calculatrice, donnez le coefficient multiplicateur correspondant à ce taux de variation.

....

3 Le taux de variation du nombre d'électeurs en Île-de-France entre 2017 et 2018 est-il positif ou négatif ?

....

....

Calcul : ....

....

SAVOIR FAIRE 4 Lire, interpréter et calculer un taux de variation cumulé

Qu'est-ce qu'un taux de variation cumulé et comment le calculer ?

Un taux de variation cumulé permet de déduire une évolution globale en pourcentage à partir de plusieurs évolutions annuelles - elles-mêmes exprimées en pourcentage ou sous la forme d'un coefficient multiplicateur.

Pour calculer le taux de variation cumulé, il est nécessaire de disposer des taux de variation de chaque période, et de convertir ces taux de variation en coefficient multiplicateur. SAVOIR-FAIRE 3

Taux de variation cumulé = [(produit des coefficients multiplicateurs de chaque période - 1)] x 100

Pour avoir le résultat en %

Attention : faire la somme des taux de variation de chaque période aboutit à un résultat faux.

Exemple

Le tableau ci-dessous donne le taux de croissance économique en France, c'est-à-dire l'évolution du PIB réel, selon l'Insee.

	2015	2016	2017
Taux de croissance économique	1,1 %	1,2 %	2,2 %

Pour calculer le taux de croissance cumulé sur les trois périodes, c'est-à-dire la hausse du PIB réel entre 2015 et 2017, on procède ainsi :

- **Étape 1 :** conversion des taux de variation en coefficients multiplicateurs

	2015	2016	2017
Taux de croissance économique	1,1 %	1,2 %	2,2 %
Coefficient multiplicateur	1,011	1,012	1,022

- **Étape 2 :** application de la formule

Calcul

Taux de variation cumulé
= [(1,011 × 1,012 × 1,022) −1] × 100
= 4,56 %

Lecture

Selon l'Insee, en France, le PIB réel a augmenté de 4,56 % entre 2015 et 2017.

EXERCICE D'APPLICATION

La taxe carbone, exprimée en euros par tonnes de CO2, a suivi l'évolution suivante en France entre 2014 et 2018.

	2014	2015	2016	2017	2018
Montant en euros par tonnes de CO_2	7	14,5	22	30,5	44,6
Évolution en %		107,14 %	51,72 %	38,63 %	46,23 %
Coefficient multiplicateur		....	....	....	....

Source : « Comprendre la taxe carbone en huit questions », www.lemonde.fr, décembre 2018.

1 Complétez la ligne « Coefficient multiplicateur » du tableau.

2 Calculez le taux de variation cumulé de la taxe carbone par tonnes de CO_2 de 2014 à 2018 et rédigez une phrase avec le résultat obtenu.

Calcul : ....

....

3 Calculez le taux de variation de la taxe carbone entre 2014 et 2018.
Le résultat vous paraît-il cohérent avec votre calcul précédent ?

Calcul : ....

....

....

....

SAVOIR FAIRE 5 Lire, interpréter et calculer un indice simple

Qu'est-ce qu'un indice simple ?

Un indice permet de comparer différents éléments à une même date (indice simple de répartition) ou un même élément à des dates différentes (indice de variation).

Comment calculer, lire et interpréter un indice simple de répartition ?

Le calcul d'un indice simple de répartition nécessite de définir, au sein de cette série, une donnée de base (A), qui servira de point de référence au calcul. On attribue à cette donnée de base la valeur d'indice 100 et on « convertit » les autres données par rapport à cette base en appliquant une « règle de 3 ».

Exemple : Salaire net horaire moyen en 2015 selon le groupe socioprofessionnel

	Salaire net horaire moyen (en euros)	Indice base 100 = ensemble
Cadres et prof. intell. sup.	26,1	179
Ouvriers	11,2	77
Ensemble des salariés	14,6	100

Source : Insee, 2018.

$$\text{Indice de B} = \frac{\text{Valeur de B}}{\text{Valeur de A}} \times 100$$

Calcul

Pour les cadres et professions intell. sup. :

$$\frac{26{,}1}{14{,}6} \times 100 = 178{,}8$$ ← que l'on arrondit à 179

Lecture

L'indice du salaire net horaire moyen d'un cadre ou profession intell. sup. en 2015 est de 179, base 100 pour le salaire net horaire moyen de l'ensemble des salariés.

Interprétation

Le salaire net horaire moyen d'un cadre ou profession intell. sup. est 79 % supérieur (ou 1,79 fois supérieur) au salaire net horaire moyen de l'ensemble des salariés.

Comment calculer, lire et interpréter un indice de variation ?

Un indice de variation mesure l'évolution d'une variable à partir d'une année de référence (année 1), à laquelle on attribue la valeur d'indice 100. Le calcul des indices sur les autres années relève de l'application d'une « règle de 3 » :

Exemple : Évolution du PIB en France de 2010 à 2013

	2010	2011	2012	2013
PIB (en milliards d'euros courants)	1 995	2 058	2 089	2 117
Indice du PIB (base 100 en 2010)	100,0	103,2	104,7	106,1

Source : Insee, 2018.

$$\text{Indice de l'année 2} = \frac{\text{Valeur de l'année 2}}{\text{Valeur de l'année 1}} \times 100$$

Calcul

L'indice de 106,1 a été calculé de la façon suivante :

$$\frac{2\,117}{1\,995} \times 100 = 106{,}1$$

Lecture et interprétation

Selon l'Insee, sur une base 100 en 2010, le PIB en France atteint l'indice 106,1 en 2013. Entre ces deux dates, il a augmenté de 6,1 %.

À partir d'un indice, on peut retrouver le taux de variation en % (valeur de l'indice – 100) ou le coefficient multiplicateur ($\frac{\text{valeur de l'indice}}{100}$).

EXERCICE D'APPLICATION

Nombre de chômeurs en France (catégorie A) en janvier de chaque année

Année	Nombre en milliers	Indice base 100 en 2008
2008	2 005,10	100
2016	3 562,20	....
2018	3 463,10	....

Source : Insee, 2018.

1 Complétez le tableau en calculant les indices pour chaque année.

2 Rédigez une phrase pour l'année 2018.

....

....

3 Quel est le taux de variation en % du nombre de chômeurs en France entre 2008 et 2018 ?

....

....

....

SAVOIR FAIRE 6 Lire et interpréter un indice synthétique

Qu'est-ce qu'un indice synthétique ?

Un indice synthétique est un indice composé de plusieurs indices simples, que l'on pondère selon leur importance. Il permet de calculer l'évolution dans le temps d'un ensemble de valeurs en faisant la synthèse de l'évolution de chaque valeur élémentaire.

Comment lire et interpréter un indice synthétique ?

La lecture et l'interprétation d'un indice synthétique sont proches de celle d'un indice simple.
Si la valeur de l'indice est supérieure à 100, cela signifie que la valeur moyenne des indices simples qui le composent a augmenté. Cela ne signifie pas que tous les indices simples qui le composent ont augmenté : certains ont pu baisser, d'autres augmenter fortement.
La variation de l'indice synthétique va donc dépendre à la fois de la variation des indices simples, mais aussi de leurs poids respectifs.

Exemple
Si l'on cherche à étudier l'évolution des prix dans le secteur de la restauration rapide, on se heurte à plusieurs difficultés. Il va falloir :
• **synthétiser plusieurs évolutions** (prix des sandwichs, prix des boissons, prix des desserts) ;
• **prendre en compte le poids de chaque élément** dans le chiffre d'affaires de la restauration rapide.
Si les sandwichs représentent 60 % du chiffre d'affaires et les boissons et desserts 20 %, alors une variation du prix des sandwichs aura plus d'impacts sur l'évolution des prix dans le secteur de la restauration rapide.
Pour réaliser cette étude, on passe par le calcul et l'analyse d'un indice synthétique.

EXERCICE D'APPLICATION

L'indice des prix à la consommation
L'Insee calcule un indice synthétique qui permet d'analyser comment ont évolué en moyenne les prix des biens consommés par les ménages sur une période donnée : c'est l'indice des prix à la consommation (IPC). Voici les pondérations que retient l'Insee pour le calcul de cet indice.

Biens consommés	Pondération
Alimentation et restauration	23,8 %
Logement (loyer, eau, gaz, fioul, électricité)	14,0 %
Santé	9,0 %
Transports (automobile, carburants, transports)	10,6 %
Habillement	5,3 %
Ameublement	6,4 %
Autres	30,9 %

Source : Insee, 2018.

Voici l'évolution de l'IPC base 100 en 2015 :

Source : Journal Officiel, 2018.

1 Rédigez une phrase avec la valeur entourée.

....

2 Entre 2015 et juin 2018, quelle est l'augmentation en pourcentage des prix à la consommation ?

....

3 Peut-on dire que tous les prix ont augmenté en France depuis 2015 au même rythme ? Pourquoi ?

....

SAVOIR FAIRE 7 Lire, interpréter et calculer une moyenne arithmétique simple et pondérée, une médiane

Qu'est-ce qu'une moyenne et comment la calculer ?

Lorsqu'on étudie une série de données statistiques, il peut être intéressant de connaître la valeur qu'aurait chacune des données de la série si elles étaient toutes égales.

• Une moyenne est **simple** lorsque chaque donnée n'est pas affectée par un poids, une pondération, un coefficient particulier. Calcul :

$$\textbf{Moyenne simple} = \frac{\textbf{Somme des valeurs de chaque donnée}}{\textbf{Nombre de données}}$$

• Une moyenne est **pondérée** lorsque le calcul tient compte d'un poids, d'une pondération, d'un coefficient différent pour chaque valeur de la série. Calcul :

$$\textbf{Moyenne pondérée} = \frac{\textbf{Somme des valeurs de chaque donnée multipliée par son coefficient}}{\textbf{Somme des coefficients}}$$

Exemple

On dispose des informations suivantes sur les notes de Manuel en SES :

	Devoir n° 1	Devoir n° 2	Devoir n° 3
Note de Manuel	13/20	17/20	12/20

Calcul

La moyenne de Manuel en SES est de :

$$\frac{13 + 17 + 12}{3} = 14$$

Si chaque devoir est affecté d'un coefficient différent :
- les devoirs n° 1 et n° 3 d'un coefficient de 4 ;
- le devoir n° 2 d'un coefficient de 1.

La moyenne pondérée de Manuel sera de :

$$\frac{13 \times 4 + 17 \times 1 + 12 \times 4}{4 + 1 + 4} = 13$$

Qu'est-ce qu'une médiane ?

La médiane d'une série statistique est la valeur qui sépare la série étudiée en deux effectifs égaux, ce qui signifie que la moitié des données de la série sera inférieure à la médiane, et que l'autre moitié sera supérieure à la médiane.

Exemple

Pour déterminer la médiane, il faut commencer par ordonner par ordre croissant la série statistique.
Salaires dans une petite entreprise :

	Salarié 1	Salarié 2	Salarié 3	Salarié 4	Salarié 5
Salaire mensuel net (en euros)	1 200	1 300	1 450	1 500	2 750

Calcul

Pour déterminer la médiane, il faut trouver la valeur qui sépare l'effectif de 5 salariés en deux parties égales. La médiane correspond au salaire perçu par le salarié 3 : 1 450 euros.

Lecture

Le salaire médian dans cette entreprise est donc de 1 450 euros : 50 % des salariés perçoivent moins de 1 450 euros nets par mois ; 50 % des salariés perçoivent plus de 1 450 euros nets par mois.

EXERCICE D'APPLICATION

Dans une classe composée de 20 élèves, le professeur de mathématiques a donné deux devoirs.
La première note est affectée d'un coefficient de 2, la deuxième d'un coefficient de 1.

Voici la répartition des notes pour le premier devoir :

Notes	1	2	3	4	5	6	7	8	9	10	11	12	13	14	15	16	17	18	19	20
Nombre d'élèves			1	1	2		2	4		3		2		2		1	1	1		

Voici la répartition des notes pour le deuxième devoir :

Notes	1	2	3	4	5	6	7	8	9	10	11	12	13	14	15	16	17	18	19	20
Nombre d'élèves				1	1		1	3	2	3			3	2			1	2		1

1 Calculez la moyenne simple de la classe au premier devoir et au deuxième devoir.
Moyenne simple de la classe au premier devoir : ....

....

Moyenne simple de la classe au deuxième devoir : ....

....

....

2 Calculez la moyenne pondérée de la classe en mathématiques après les deux devoirs.
Calcul : ....

....

3 Déterminez la médiane pour le deuxième devoir.

....

....

....

SAVOIR FAIRE 8

Lire et interpréter une valeur nominale et une valeur réelle

Quelle est la différence entre une valeur réelle et une valeur nominale ?

Lorsque la production (ou une autre grandeur de même type) exprimée en euros (ou dans une autre monnaie) augmente entre deux périodes, cette augmentation peut avoir deux explications :
- les quantités produites ont augmenté ;
- les prix ont augmenté.

Lorsque que l'on calcule une valeur réelle, on cherche à faire abstraction de la variation des prix. L'objectif est de répondre à la question : comment aurait évolué la production si les prix n'avaient pas évolué, s'ils étaient restés constants ?
La valeur nominale ne permet pas de faire cette distinction entre l'effet d'une variation des prix et l'effet d'une variation des quantités produites.

Comment passer d'une valeur nominale à une valeur réelle ?

Exemple
Une entreprise produisant des ouvrages d'économie constate l'évolution suivante :

	2015	2016	2017	2018
Nombre de livres vendus	900	1 000	1 000	1 300
Prix de vente unitaire	8	10	12	12
Chiffre d'affaires	7 200	10 000	12 000	15 600

Les hausses successives du chiffre d'affaires n'ont pas les mêmes causes.
- Entre 2016 et 2017 : effet **prix**.
- Entre 2017 et 2018 : effet **quantité**.
- Entre 2015 et 2016 : effet **prix** et effet **quantité**.

Calcul
Pour distinguer effet prix et effet quantité, il faut calculer la valeur réelle du chiffre d'affaires en 2016 en appliquant la formule suivante :

$$\text{Valeur réelle} = \frac{\text{Valeur nominale}}{\text{Coefficient multiplicateur des prix}} = \frac{\text{Valeur nominale}}{\text{Indice des prix}} \times 100$$

Dans l'exemple, les prix ont été multipliés par 1,25 (10/8) de 2015 à 2016. On a donc :
Chiffre d'affaires réel en 2016 = $\frac{10\,000}{1,25}$ = 8 000.

Lecture
Si les prix étaient restés stables entre 2015 et 2016, le chiffre d'affaires aurait atteint 8 000 euros.

Pourquoi utiliser une valeur réelle ?

En science économique, les analyses se réalisent souvent sur des variables exprimées en valeur réelle. Par exemple, lorsqu'on étudie l'évolution du PIB, on chercher à savoir s'il correspond à une variation des quantités produites : l'analyse se fait donc en valeur réelle.

Quelques synonymes
« PIB réel » est synonyme de « PIB en volume » ou « PIB en euros constants ».
« PIB nominal » est synonyme de « PIB en valeur » ou de « PIB en euros courants ».

EXERCICE D'APPLICATION

Production de la branche « Agriculture, sylviculture et pêche »

	2014	2015	2016	2017
Production (en milliards d'euros courants)	88,2	88,3	83,9	85,6
Indice des prix (base 100 en 2014)	100,0	102,0	102,5	102,4
Production (en milliards d'euros constants de 2014)	....	....	....	....

Source : Insee, 2018.

1 Complétez le tableau.

2 Les niveaux de production en euros courants et en euros constants entre 2014 et 2015 évoluent-ils dans le même sens ? Pourquoi ?

....

....

....

....

SAVOIR FAIRE 9 Lire et interpréter un tableau à double-entrée

Qu'est-ce qu'un tableau à double-entrée ?

Un tableau à double-entrée sert à croiser des données de variables différentes pour essayer de déterminer un lien entre elles.

Exemple

Actifs occupés souhaitant ou non changer d'emploi, selon le type de contrat et le statut en France, en 2017

En milliers	Ensemble	Salariés en CDI	Salariés en CDD	Non-salariés
Ne souhaitant pas changer d'emploi	24 539	18 518	3 005	3 017
Souhaitant changer d'emploi	2 338	1 575	652	111

Source : Insee, données publiées en 2018.

Comment interpréter un tableau à double-entrée ?

Interpréter un tableau à double-entrée suppose de lire et d'analyser :

- **le titre :** donne une indication sur la comparaison à établir entre les données du tableau.
Nombre d'actifs occupés souhaitant ou non changer d'emploi selon le type de contrat et le statut.
- **la source :** permet de contextualiser.
Données Insee, 2017, France.
- **l'unité :** cela permet d'éviter de faire des erreurs d'interprétation.
- **les titres des colonnes et des lignes :** on peut lire le tableau ;
- verticalement : nombre d'actifs par type de contrat/statut souhaitant ou non changer d'emploi.
- horizontalement : nombre d'actifs souhaitant ou non changer d'emploi selon leur type de contrat/statut.

Interprétations que l'on peut faire à partir de ce tableau

- On observe à partir de la ligne « Ensemble » que les actifs occupés français sont très majoritairement des salariés en CDI (20 093 sur 26 880).
- On observe à partir de la colonne « Salariés en CDI » que la très grande majorité des salariés en CDI ne souhaite pas changer d'emploi (18 518 sur 20 093).
- En faisant un calcul de proportion, on s'aperçoit que les salariés en CDD sont relativement plus nombreux à souhaiter changer d'emploi que les non-salariés :

$\frac{652}{3\,657}$ soit 17,8 %, contre $\frac{111}{3\,129}$ soit 3,5 %.

EXERCICE D'APPLICATION

Salaires mensuels nets moyens dans la fonction publique pour les cadres et employés/ouvriers, en 2015

En euros courants	Fonction publique d'État	Fonction publique territoriale	Fonction publique hospitalière
Cadres	3 056	<u>3 277</u>	4 775
Employés, ouvriers	2 002	1 672	1 718
Ensemble	**2 495**	**1 891**	**2 239**

Source : Insee, 2018.

1 Rédigez une phrase avec la donnée soulignée.

2 Les écarts de salaires dans la fonction publique s'expliquent-ils par :

☐ la catégorie socioprofessionnelle ?

☐ le type de fonction publique ?

Justifiez votre réponse.

SAVOIR FAIRE 10

Lire et interpréter un diagramme de répartition

Qu'est-ce qu'un diagramme de répartition ?

Un diagramme de répartition est un graphique qui permet de représenter la répartition des différentes composantes d'une population.

Le diagramme circulaire

Répartition des élèves de Terminale par filière en 2017 (en %)

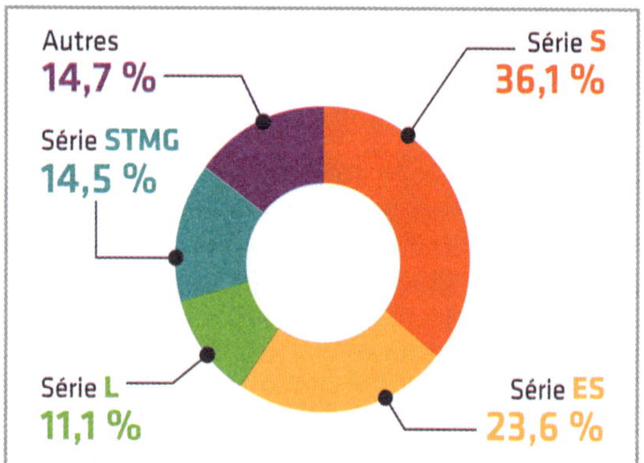

Source : ministère de l'Éducation nationale, 2017.

Le diagramme en bâtons empilées

Répartition des élèves de Terminale par filière en 2017 (en %)

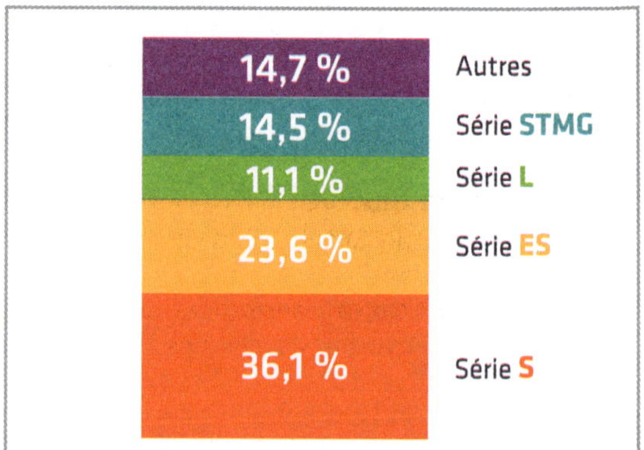

Source : ministère de l'Éducation nationale, 2017.

Comment interpréter un diagramme de répartition ?

Lors de l'analyse d'un diagramme de répartition, il est nécessaire d'être particulièrement attentif à l'ensemble qui est représenté. Dans notre exemple, l'ensemble est indiqué dans le titre (élèves de Terminale en 2017). On dira donc : 23,6 % des élèves de Terminale en 2017 sont en filière ES.

EXERCICE D'APPLICATION

Répartition des salariés en France en 2016 selon la taille de l'entreprise

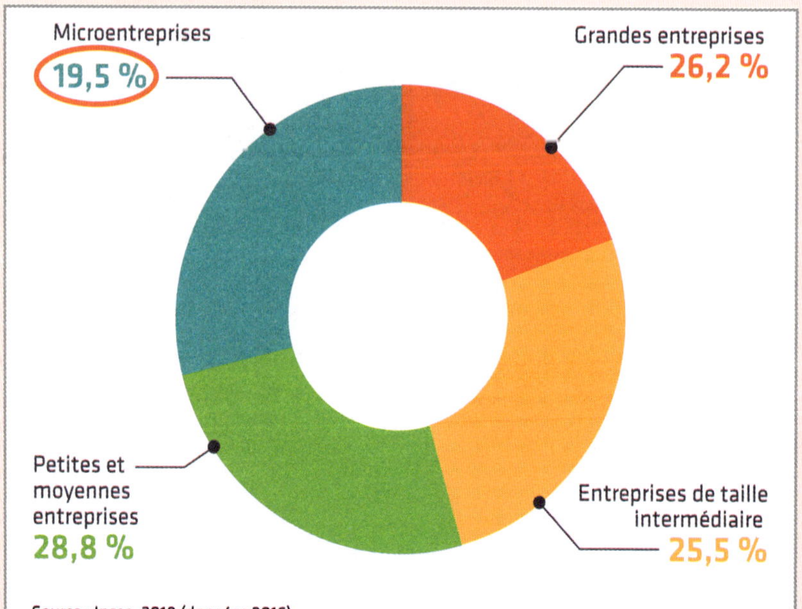

Source : Insee, 2018 (données 2016).

1 Donnez la signification de la valeur entourée.

....

....

....

....

....

2 Quelle est, en %, la part des salariés ne travaillant pas dans des grandes entreprises ?

....

....

....

....

....

....

....

SAVOIR FAIRE 11 Lire et interpréter une série chronologique

Qu'est-ce qu'une série chronologique ?

Une série chronologique permet de déterminer l'évolution d'une variable au cours du temps et peut se présenter sous la forme d'un graphique ou d'un tableau.

Pour analyser une série chronologique, il faut repérer les éléments suivants :
- **le titre** du document, afin d'identifier la variable étudiée dans la série ;
- **la source** des données présentes dans la série ;
- **l'unité** dans laquelle les données sont présentées ;
- **la période** étudiée ;
- **l'évolution générale** de la variable sur l'ensemble de la période ;
- **les phases homogènes** d'évolution de la variable (phases de croissance/phases de décroissance).

Exemple

Taux de chômage des jeunes de 2005 à 2017 (en % des jeunes actifs)

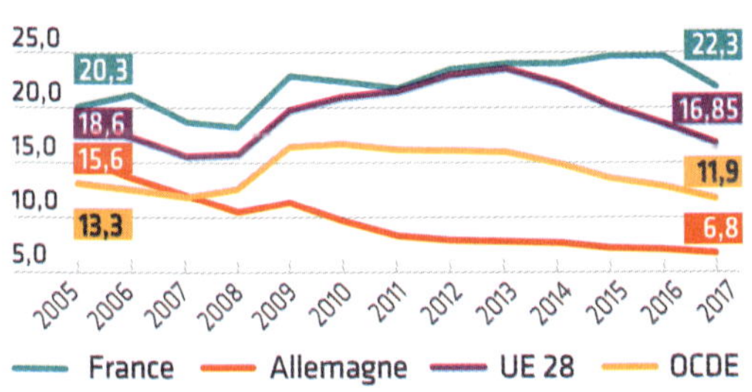

Source : OCDE, 2018.

1. **Présentez cette série chronologique représentée par un graphique.**
Ce graphique présente l'évolution du taux de chômage des jeunes entre 2005 et 2017 pour la France, l'Allemagne, l'OCDE et l'UE à 28, selon des données de l'OCDE.

2. **Quel était le taux de chômage des jeunes en Allemagne en 2017 ?**
6,8 % des jeunes actifs étaient au chômage en Allemagne en 2017 selon l'OCDE.

3. **Comment le taux de chômage des jeunes en France a-t-il évolué entre 2005 et 2017 ?**
D'une façon générale, le taux de chômage des jeunes en France a augmenté sur la période. En effet, entre 2005 et 2017, il augmente de 2 points de pourcentage, passant de 20,3 % à 22,3 %. Dans un premier temps, entre 2005 et 2008, le taux de chômage des jeunes recule, avec deux années consécutives (2007 et 2008) sous les 20 %. Dans un second temps, à partir de 2008, le taux de chômage des jeunes augmente quasi continuellement, avec un maximum atteint en 2015 (25 %, soit un quart des jeunes actifs au chômage).

4. **Comparez l'évolution du taux de chômage des jeunes en France et en Allemagne sur la période 2005-2017.**
Le taux de chômage des jeunes évolue dans le même sens en France et en Allemagne jusqu'en 2008. Puis il ne cesse de diminuer en Allemagne, alors qu'il augmente de façon presque continue en France jusqu'en 2017.

EXERCICE D'APPLICATION

Taux d'emploi[1] des 50-64 ans entre 2007 et 2017 en France

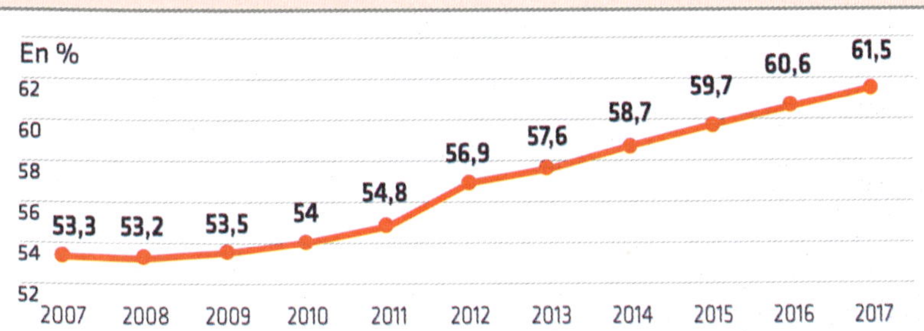

Source : Insee, 2018.

1. Rapport entre le nombre de personnes en emploi et l'ensemble des effectifs de la classe d'âge. Par exemple, en 2017, 61,5 % des 50-64 ans avaient un emploi en France.

1 Présentez cette série chronologique.

2 Comment le taux d'emploi des 50-64 ans a-t-il évolué en France entre 2007 et 2017 ?

CRÉDITS PHOTOGRAPHIQUES

p. 6 : PhotoPQR/Le Dauphiné/Max PPP – **p. 7** : Xavier Malafosse/Sipa press – **p. 8** : FancyVeer/age fotostock – **p. 9** : Canal+ – **p. 10** : Burger/Phanie ; Boris Horvat/AFP ; Michel Le Moine/Divergence – **p. 15** : C-P Productions – **p. 17** : Kazy/Adobe Stock ; Philippe Desmazes/AFP ; JackF ; Georgejmclittle/Adobe Stock – **p. 19** : Bouygues Telecom ; ministère de l'Éducation nationale ; Secours Populaire – **p. 21** : Léopold Mercier/Roger-Viollet ; Bruno Compagnon/Sagaphoto – **p. 22** : C. Petit Tesson/EPA/Newscom/MaxPPP – **p. 27** : Photo Josse/Leemage – **p. 29** : Amos Gumulira/AFP ; Franco Banfi/Biosphoto ; Christophe Simon/AFP – **p. 31** : TCD – **p. 33** : Richard Soberka/Hemis ; Hamilton/REA ; Patrick Forget/Sagaphoto – **p. 34** : Jean-Sébastien Evrard/AFP – **p. 40** : Cortesia/Notimex – **p. 42** : Orléans Métropole/La Fabrique de Com – **p. 43** : Canal+/éditions Montparnasse – **p. 45** : Fleurus, 2013 – **p. 46** : LFI/Photoshot/UPPA/VisuaL Press Agency – **p. 49** : J.F Tripelon-Jarry/OnlyFrance.fr ; Yanlev/Adobe Stock – **p. 51** : Coll. particuière Annie Ernaux/Gallimard ; Ulf Andersen/Aurimages – **p. 52** : Globe, L'École des Loisirs, 2017 – **p. 55** : TCD – **p. 58** : Château de Versailles, Dist. RMN-Grand Palais/Christophe Fouin ; BPK, Berlin, Dist. RMN-Grand Palais/Daniel Steiner ; Dila-La Documentation française. Photo Philippe Warrin ; Dila-La Documentation française. Photo Raymond Depardon ; Alain Jocard/AFP – **p. 59** : Stephane Lemouton/Bestimage ; GillesTargat/Photo12 – **p. 61** : Nicolas Messyasz/Sipa press ; Arnaud Chicurel/Hemis ; Bertrand Gardel/Hemis – **p. 62** : Aurel/AFP – **p. 63** : Émilie Coquard/Le P'tit Libé – **p. 64** : Witt/Sipa press – **p. 66** : Albert Harlingue/Roger-Viollet ; Rue des Archives/AGIP ; Leemage ; Rue des Archives/AGIP – **p. 67** : Rassemblement National ; La REM ; Parti socialiste ; PCF ; Mouvement Démocrate ; EELV ; Les Républicains ; La France Insoumise – **p. 68** : J. Azam/1jour1actu.com/Milan – **p. 69** : Denis Meyer/Hans Lucas ; Corinne Rozotte/Divergence ; Sadak Souci/Le Pictorium/MaxPPP – **p. 70** : Journal du Dimanche/Scoop ; Denis Meyer/Hans Lucas ; Change.org – **p. 71** : TCD – **p. 73** : ESA/NASA – **p. 74** : Debajyoti Chakraborty/NurPhot/AFP – **p. 75** : LavoixLetudiant.com – **p. 77** : Patrick Forget/Sagaphoto – **p. 80** : Chereau – **p. 82** : Louis Monier/Rue des Archives/Bridgeman Images ; F. Reglain/Gamma-Rapho – **p. 83** : Istiqlal-films.

Édition
Responsable éditoriale : Aurélie Joubert-Mérandat
Éditrice : Mirna Bousser

Direction artistique (maquette et couverture)
Primo & Primo

Maquettiste : Sylvie Lavaud

Illustrateur (couverture) : Antoine Corbineau

Infographiste (intérieur) : Idix

Iconographe : Véronique Littré

Pour le numérique : pôle numérique Magnard (dga)

Podcasts produits par Nouvelles Écoutes et écrits par Étienne Tabbagh
Réalisation : Aurore Meyer Mahieu – **Coordination et montage** : Marine Raut, Cassandra De Carvalho – **Voix** : Sara Verhagen – **Mixage** : Thomas Decourt

Éditions Magnard – 2019 – 5, allée de la 2e DB – 75 726 Paris Cedex 15.
ISBN : 978-2-210-10118-0

Achevé d'imprimer en août 2019 par L.E.G.O. S.p.a. Lavis Italie
N° d'editeur : 2019_0228 - Dépôt légal : Mai 2019